Mosaik
bei GOLDMANN

Buch

Der leichte Weg zum Wunschgewicht – ohne Diät, ohne Kalorienzählen und ohne Anstrengung der Willenskraft. Allen Carr hat mit seiner ALLEN CARR'S EASYWAY®-Methode einen verblüffend einfachen Weg gefunden, das Rauchen aufzuhören. Die gleiche Methode und Vorgehensweise wendet er in diesem Buch zum Abnehmen an. Er gibt allen Menschen mit Gewichtsproblemen den Schlüssel an die Hand, sich ein für allemal von diesem Thema verabschieden zu können.

Autor

Allen Carr wurde mit der Entdeckung seiner Methode, mit dem Rachen aufzuhören, über Nacht zum Erfolgsstar. Sein erstes Buch »Endlich Nichtraucher« wurde ein internationaler Bestseller. Er gab seinen Job als Wirtschaftsprüfer auf und beschäftigte sich seither damit, Menschen auf sanfte, aber erfolgreiche Weise zu helfen, Suchtfallen zu entkommen.

Durch den Erfolg seiner Methode erlangte Allen Carr großes Ansehen. Inzwischen gibt es weltweit Carr-Standorte mit speziell ausgebildeten Trainern. Informationen dazu finden Sie in diesem Buch ab Seite 214.

Von Allen Carr außerdem bei Mosaik bei Goldmann:

Endlich Nichtraucher! (13664, 16401)
Endlich Nichtraucher! Mit 2 CDs (16381)
Endlich Nichtraucher! – Der Ratgeber für Eltern (16358)
Endlich Wunschgewicht! (16402)
Für immer Nichtraucher! (16293)
Endlich fliegen ohne Angst! (16288)
Endlich ohne Alkohol! (16503)
Endlich frei von Sorgen (16433)

ALLEN CARR
Endlich Wunschgewicht!

Der einfache Weg, mit Gewichtsproblemen Schluß zu machen

Aus dem Englischen
von Petra Wackerle

Dieser Titel ist bereits als Mosaik bei
Goldmann-Taschenbuch, Nr. 16117 erschienen.

Umwelthinweis:
Alle bedruckten Materialien dieses Taschenbuches
sind chlorfrei und umweltschonend.

Deutsche Erstausgabe Juni 1998
Wilhelm Goldmann Verlag, München,
ein Unternehmen der Verlagsgruppe Random House GmbH
© 1997 der Originalausgabe Allen Carr
© der deutschsprachigen Ausgabe
Wilhelm Goldmann Verlag, München,
ein Unternehmen der Verlagsgruppe Random House GmbH
Originalverlag: Penguin Books
Originaltitel: Allen Carr's Easyweigh to Lose Weight
Umschlaggestaltung: Design Team München
unter Verwendung eines Fotos von: Zefa
Redaktion: Olivia Baerend
Satz: DTP Service Apel, Hannover
Druck: GGP Media, Pößneck
Verlagsnummer: 16571
Kö · Herstellung: Sebastian Strohmaier
Made in Germany
ISBN 3-442-16571-7
www.goldmann-verlag.de

1 3 5 7 9 10 8 6 4 2

*Für Anne Emery,
Ken Pimblett, John Kindred,
Janet Caldwell
und ein Eichhörnchen*

Inhalt

Einführung 9

1. ALLEN CARR'S EASYWAY® – Der leichte Weg
   zum Wunschgewicht 11
2. Das Eichhörnchen 23
3. Meine Behauptung 27
4. Warum Diäten nicht funktionieren können 29
5. Unsere Eßgewohnheiten 32
6. Die unglaubliche Maschine 50
7. Die intelligentesten Lebewesen
   auf diesem Planeten 61
8. Der Fehler in der unglaublichen Maschine 68
9. Welches Gewicht möchten Sie gerne haben? . . . 74
10. Nahrungsaufnahme und Verwertung/
    Ausscheidung 80
11. Warum essen wir? 84
12. Unsere Nahrungsaufnahme 89
13. Was ist natürliche Nahrung? 94
14. Das Plastikkorb-Syndrom 98
15. Wie unterscheiden Tiere zwischen
    Nahrung und Gift? 106
16. Woher wissen wir, wann wir essen
    und wann wir damit aufhören sollen? 111

17.	Die wichtige Verbindung zwischen Hunger und Geschmack	116
18.	Die unglaubliche Vielfalt an Nahrung	120
19.	Die Junk-Food-Toleranz	123
20.	Die Lieblingsnahrung	125
21.	Wo ging es schief?	129
22.	Fleisch	133
23.	Milch und Milchprodukte	141
24.	Was essen Gorillas?	148
25.	Betrachten wir die Auswirkungen	153
26.	Vermeiden Sie konservierte Nahrung	156
27.	Raffinierte Nahrung	161
28.	Der richtige Zeitpunkt und die richtige Kombination	163
29.	Richtlinien für die richtige Kombination	166
30.	Getränke	168
31.	Wie machen wir die Gehirnwäsche rückgängig?	179
32.	Schokolade	184
33.	Fassen wir kurz zusammen	188
34.	Routine	190
35.	Essen Sie Obst, und zwar ausschließlich Obst zum Frühstück	193
36.	Wie sieht es mit anderen Mahlzeiten aus?	195
37.	Muß ich Vegetarier werden?	198
38.	Ein paar nützliche Tips	201
39.	Bewegung	205
40.	Schlußbemerkung	209
	Anhang	213

Einführung

Obwohl uns die Medizin immer mehr Einblick in Krankheitsursachen und -abläufe gibt, führt unsere Unfähigkeit, das bereits vorhandene Wissen zu nutzen, dazu, daß es in unserer Gesellschaft immer noch so viele Krankheiten und frühzeitige Todesfälle gibt. Die Gefahren des Rauchens wurden zum ersten Mal in einer Studie nachgewiesen, in der die Rauchgewohnheiten von Ärzten mit deren Todesursachen in Verbindung gebracht wurden. Diese Studie wies nach, daß Lungenkrebs beinahe immer mit Rauchen einherging.

Die Menschen zu ermuntern, mit dem Rauchen aufzuhören und ein gesundes Leben zu führen, lag lange Zeit in der Verantwortung der Ärzte. Aber leider haben viele Ärzte über diesen Aspekt ihrer Arbeit nicht lange genug nachgedacht. Oft waren sie zudem frustriert durch den enormen Einfluß der Zigarettenwerbung, die ganz besonders auch auf junge Menschen abzielt.

Ich wurde zum ersten Mal auf Allen Carr aufmerksam, als einer meiner Patienten zu mir kam und mich damit überraschte, daß er einen leichten Weg gefunden habe, mit dem Rauchen aufzuhören. Seitdem habe ich allen meinen Patienten »ALLEN CARR'S EASYWAY®« empfohlen, und zwar mit beeindruckenden Ergebnissen. Mein Interesse an der Methode von Allen Carr führte dazu, daß ich die Auswirkungen dieser Methode selbst untersucht habe.

Nachdem Allen Carr so vielen Menschen geholfen hat, mit dem Rauchen aufzuhören, hat er nun sein Wissen dafür genutzt, Menschen ebenso schnell und einfach zu helfen, überschüssige Pfunde loszuwerden – ein Problem, mit dem wir fast alle mehr oder weniger zu tun haben. Nachdem ich von Allen Carr's Vorgehensweise zu diesem Thema gehört und darüber gelesen hatte, stellte ich überrascht fest, daß ich gar nicht anders konnte, als selbst danach zu handeln. Ich kann mich jetzt leichter bewegen, ganz besonders beim Squash, und ich fühle mich wohler, da ich so viel gesünder bin. Ich war hoch erfreut über dieses Ergebnis, vor allem, weil mich diese paar Extrakilos um meine Hüfte zuvor gar nicht weiter gestört hatten. Ihre Reise durch das Buch von Allen Carr wird eine Offenbarung sein, wenn Sie entdecken, wie einfach die Antwort auf Gewichtsprobleme sein kann.

Dr. Michael Bray

1
Allen Carr's Easyway® –
Der leichte Weg zum Wunschgewicht

Genau genommen sollte der Titel *Der leichte Weg zu exakt dem Gewicht, das Sie haben wollen* lauten. Aber das wäre dann doch etwas lang. Wenn es Ihnen geht wie den meisten Menschen, dann tendieren Sie zu Übergewicht. Ich betone jedoch, daß meine Methode, die ich im folgenden ALLEN CARR'S EASYWAY® nennen werde, sich sowohl zum Abnehmen als auch zum Zunehmen eignet. Tatsache ist, daß die Gewichtskontrolle in beiden Fällen das gleiche Ziel verfolgt wie ALLEN CARR'S EASYWAY®, nämlich *einfach das Leben zu genießen!*

Wie könnte man wohl sein Leben genießen, wenn man sich ständig müde und lethargisch fühlt und Schuldgefühle hat wegen der Folgen, die man sich sowohl geistig als auch körperlich durch Übergewicht einhandelt?

Wie Sie vermutlich bereits wissen, wurde ich bekannt, weil ich vor einigen Jahren eine Methode entdeckt habe, die es jedem Raucher nicht nur leichtmacht, mit dem Rauchen aufzuhören, sondern dies sogar zu einem angenehmen Erlebnis werden läßt. Heute gelte ich als der weltweit führende Experte für Raucherentwöhnung. Tatsächlich betrachten Raucher, die meine Methode ausprobiert und verstanden haben, mich und meine speziell ausgebildeten Trainer als die einzigen Experten.

Ich habe später herausgefunden, daß, abgesehen von einer

Ausnahme, diese Methode genauso effektiv bei jeder Sucht wirkt – und das sind die meisten, einschließlich Alkohol und anderer Formen der Drogenabhängigkeit. Viele Experten für Drogenabhängigkeit glauben, daß die Hauptprobleme durch die körperliche Abhängigkeit verursacht werden und daß die körperlichen Symptome durch Entzug entstehen. Dementsprechend suchen sie nach chemischen Problemlösungen in Form von Ersatzprodukten. Tatsächlich aber funktioniert die leichte und einfache Lösung von jedweder Sucht ausschließlich über den Kopf.

Sicherlich ist Ihnen nicht entgangen, daß Gewichtskontrolle heute ein Milliardengeschäft ist. Jede Woche wirbt irgendeine berühmte Persönlichkeit für ein Video, Buch oder Trainingsgerät, veröffentlicht eine Zeitschrift ein Fitneßprogramm oder eine revolutionäre Diät, die auf wundersame Weise Ihr Gewichtsproblem lösen soll.

Zwischen Rauchen und Essen gibt es sehr enge körperliche und geistige Verbindungen; noch mehr Ähnlichkeiten bestehen zwischen dem Rauchenaufhören und dem Abnehmen. Beide, sowohl Raucher als auch Übergewichtige, leiden unter einer Art Schizophrenie und vollführen ein andauerndes Tauziehen in ihrem Kopf. Für den Raucher steht auf der einen Seite: *Es ist eklig und abstoßend, bringt mich um, kostet mich ein Vermögen und versklavt mich.* Auf der anderen Seite: *Es ist mein Genuß, meine Stütze und mein kleiner Freund.* Für den Übergewichtigen steht auf der einen Seite: *Ich bin dick, lethargisch, krank, schaue schrecklich aus und fühle mich schlecht.* Auf der anderen Seite: *Ich genieße das Essen.*

Seit Jahren hatte ich behauptet, daß meine Methode sich nicht für das Abnehmen eignet – aber ich habe mich getäuscht.

Wie bei *Endlich Nichtraucher!* stammt die Methode von mir, und genauso wie ich wußte, daß meine Methode zur Raucherentwöhnung funktionieren würde, bevor es wissenschaftlich untersucht und bewiesen wurde, genauso werden Sie zu dem Zeitpunkt wissen, an dem Sie dieses Buch fertiggelesen haben, daß ALLEN CARR'S EASYWAY® für Sie funktioniert.

Obwohl die meisten Raucher im allgemeinen zunehmen, wenn sie mit dem Rauchen aufhören, habe ich innerhalb von sechs Monaten vierzehn Kilo abgenommen. Ich habe verschiedene Trainingsprogramme mit der in England sehr bekannten F-Plan-Diät (bei der es um Faserstoffe geht) kombiniert. Mir war bewußt, daß ich das mit Willenskraft und Disziplin tat, trotzdem habe ich das Ganze genossen. Es war dem Anfangsstadium eines Versuchs, mit dem Rauchen durch Willenskraft aufzuhören, sehr ähnlich. Während man fest entschlossen ist, bekommt man das erhebende Gefühl, der Versuchung zu widerstehen. Solange Abnehmen das Hauptziel in meinem Leben war, war alles in Ordnung. Das Problem war allerdings das gleiche wie bei der Willenskraft-Methode beim Rauchenaufhören: Meine Entschlossenheit ließ nach einer Weile nach, und bei jedem »wichtigen« Anlaß war sowohl das Training als auch die Diät vergessen, und mein Gewicht ging wieder nach oben.

Für diejenigen, die meine Methode kennen, muß ich ein verbreitetes Mißverständnis aufklären. Weil ich sehr willensstark bin und positiv denke, glauben viele Leute zu Unrecht, meine Methode basiere auf Willenskraft und positivem Denken. Das ist nicht der Fall. Mir war, schon lange bevor ich meine Methode entdeckte, bewußt, daß ich große Willenskraft habe und positiv denke. Tatsächlich habe ich mich immer gewundert, warum so viele andere Raucher, die eindeutig weniger Willenskraft als ich hatten, es mit ihrer Willenskraft geschafft haben aufzuhören, und ich aber nicht.

Ich denke positiv, das gebietet der gesunde Menschenverstand. Positiv zu denken macht das Leben so viel leichter und angenehmer. Jedoch hat mir das positive Denken weder geholfen, mit dem Rauchen aufzuhören, noch hat es etwas daran geändert, daß ich mindestens 14 Kilo Übergewicht hatte!

Positiv Denken beinhaltet: *Ich weiß, daß ich mich dumm verhalte, also werde ich mit Willenskraft und Disziplin die Kontrolle übernehmen und aufhören, mich dumm zu verhalten.* Zweifelsohne haben viele Menschen mit dieser Taktik aufgehört zu rauchen oder ihr Gewicht in den Griff bekommen. Viel Glück ihnen allen. Alles, was ich sagen kann, ist, daß diese Vorgehensweise für mich nie funktioniert hat, und hätte sie für Sie funktioniert, dann würden Sie dieses Buch nicht lesen.

Nein, was mich weiter rauchen ließ, war nicht ein Mangel an Willenskraft oder negatives Denken. Es war verwirrtes Denken – die dauernde Schizophrenie, unter der alle Raucher ihr Leben lang leiden, wenn sie Raucher bleiben. Ein Teil ihres Verstandes haßt das Rauchen, ein anderer Teil glaubt, daß sie ohne Zigarette ihr Leben nicht genießen oder bewältigen können.

Genau diese Haßliebe haben auch die Übergewichtigen mit dem Essen. Mein Rauchproblem erledigte sich nicht durch positives Denken, sondern weil die Verwirrung aufhörte. Ich habe begriffen, daß das Rauchen nur ein subtiler und geschickter Schwindel ist, und warum das Gefühl, daß es mir hilft, mein Leben zu genießen oder Streß zu bewältigen, nur eine Illusion war. Mit dieser Erkenntnis hörte die Verwirrung auf, genauso wie die Schizophrenie und auch mein Wunsch zu rauchen. Es brauchte keine Willenskraft oder positives Denken:

Es war einfach!

Es ist sehr schwer, jemanden, der schon eine Diät gemacht hat oder mit der Willenskraft-Methode versucht hat, mit dem Rauchen aufzuhören, zu überzeugen, daß er ohne den Einsatz jeglicher Willenskraft erfolgreich sein kann. Vielleicht sind Sie eine willensstarke Persönlichkeit, vielleicht auch nicht. Wie auch immer, es ist absolut notwendig, daß Sie verstehen, warum Sie *keine* Willenskraft brauchen, wenn Sie nach ALLEN CARR'S EASYWAY® vorgehen. Es ist schwer zu erklären – hier vielleicht ein Beispiel:

Stellen Sie sich vor, Sie befinden sich in einem Kriegsgefangenenlager. Ein Arzt kommt und hält Ihnen Vorträge, daß es hier feucht ist und Sie Gefahr laufen, sich eine Lungenentzündung zu holen. Außerdem seien Sie eindeutig unterernährt. Ob Ihnen klar ist, welche Angst Ihre Familie um Sie hat? Die machen sich Sorgen, daß Sie sich umbringen. Sie scheinen doch recht intelligent zu sein, warum sind Sie nicht vernünftig und gehen nach Hause? Einen solchen Arzt würden wir für völlig schwachsinnig halten.

Und doch ist es genau das, was der Arzt einem Raucher über die Gefahren des Rauchens erzählt, und dem Übergewichtigen über die Gefahren des Übergewichts. Der Gefangene, der Raucher und der Übergewichtige sind sich alle der Gefahren bewußt, die ihre mißliche Lage verursacht. Und tatsächlich wäre es auch logisch anzunehmen, daß sie, gerade weil sie persönlich an den Folgen leiden, sich dieser Folgen mehr bewußt sind als die Person, die ihnen Vorträge hält.

Nun, es stimmt, daß durch den Einsatz von Willenskraft und Disziplin Gefangene aus ihrem Gefängnis ausbrechen, Raucher aufhören zu rauchen und Übergewichtige ihr Gewicht kontrollieren können. Ohne Zweifel haben das bereits Tausende so gemacht. Ich ziehe vor ihnen meinen Hut – sie verdienen unsere Achtung. Mein Bemühen jedoch gilt dem Gefangenen, der, ob willensstark oder nicht, es nicht geschafft hat auszubrechen. Was der Gefangene wirklich braucht, ist nicht ein Vortrag, sondern ein Schlüssel zum Gefängnis. Raucher und Übergewichtige sind in der gleichen Lage. Das letzte, was Übergewichtige brauchen, ist jemand, der ihnen predigt, daß falsches Essen zu Energiemangel, Verdauungsstörungen, Verstopfung, Durchfall, Magenverstimmung, Sodbrennen, Atemnot, einem Verlust an Selbstvertrauen, zu Bluthochdruck, hohen Cholesterinwerten und Erkrankungen von Herz, Venen, Arterien, Magen, Leber und Nieren führt, um nur einige zu nennen.

Was Raucher wirklich brauchen, ist jemand, der ihnen den Schlüssel gibt, mit dem sie aus der Falle der Nikotinsucht entkommen können. Diesen habe ich ihnen gegeben. Das ist der Grund, warum meine Methode so erfolgreich ist. Damit kann jeder Raucher leicht aufhören, und deshalb heißt sie auch ALLEN CARR'S EASYWAY® – *der leichte Weg* mit dem Rauchen Schluß zu machen.

Was Übergewichtige wirklich brauchen, ist der Schlüssel, mit dem sie auf einfache Weise ihr Gewicht kontrollieren können. Und genau diesen habe ich jetzt gefunden, deshalb heißt es ALLEN CARR'S EASYWAY® – *der leichte Weg*, zum Wunschgewicht!

Natürlich könnten Sie jetzt sagen, es sei irreführend, Raucher und Übergewichtige mit Gefangenen zu vergleichen, da die letztgenannten durch Instanzen jenseits ihrer Kontrolle gefangengehalten werden, wohingegen niemand Raucher zum Rauchen und Übergewichtige zum Essen zwingt, außer sie sich selbst. Es liegt ja in beider Macht, die Situation zu korrigieren. Wenn sie so dumm sind und das nicht tun, dann sind sie selber schuld.

Tatsache ist, daß die Situation aber die gleiche ist. Die Leute, die uns herablassend schlaue Vorträge halten, mögen uns als dumm betrachten. Wir selbst finden uns dumm, denn wir wissen genausogut wie sie, daß wir das Problem selbst verursachen. Aber Tatsache ist, wenn Sie rauchen oder Übergewicht haben, sind Sie sich völlig darüber im klaren, daß Ihre Lebensqualität leidet. Und wenn Sie keinen Versuch unternehmen, etwas dagegen zu tun, *dann* sind Sie ein Narr! Wenn Sie versucht haben, etwas dagegen zu tun, aber es nicht geschafft haben, dann sind Sie kein Narr. Es kann sein, daß Sie sich wie einer fühlen oder daß Sie sich für willensschwach halten. Macht es wirklich einen Unterschied, daß Sie beides sind, sowohl der Gefangene als auch der Wärter? Der einzige Grund, warum Sie es nicht geschafft haben und in dem selbsterrichteten Gefängnis geblieben sind, ist der, daß Sie nicht wußten, wie sie heraus kommen können.

Wenn Sie ein Narr wären, würden Sie dieses Buch nicht lesen. Sie lesen es, weil Sie unbedingt aus diesem Gefängnis heraus wollen.

Tatsache ist, daß Raucher und Übergewichtige sich ihr Gefängnis aber nicht selbst bauen. Wie ich später noch erklären werde, wird es durch die Gehirnwäsche in unserer westlichen Gesellschaft errichtet. ALLEN CARR'S EASYWAY® gibt Ihnen den Schlüssel, um aus diesem Gefängnis auszubrechen, und wenn Sie den Schlüssel haben, dann

brauchen Sie keine Willenskraft!

War es meine Absicht, ALLEN CARR'S EASYWAY® zu entdekken? Nein! Genausowenig, wie ich vorhatte, einen leichten Weg zu finden, mit dem Rauchen aufzuhören. Tatsächlich habe ich die Methode zu einem Zeitpunkt entdeckt, als ich schon aufgegeben hatte und glaubte, sowieso niemals aufhören zu können. Und ich gebe offen zu, daß es – wie bei allen großen Entdeckungen – mehr dem Zufall als irgendeiner Fähigkeit meinerseits zuzuschreiben war, daß ich die Lösung fand. Also folgerte ich, daß, wenn es eine leichte Lösung für Gewichtsprobleme gäbe, sie bereits jemand anderes entdeckt haben müßte. Ich fühlte mich wie ein Lottogewinner. Einmal im Leben zu gewinnen ist schon unglaubliches Glück, aber auf einen zweiten Gewinn zu hoffen grenzt schon an Dummheit!

Wie also habe ich die Lösung für Gewichtsprobleme gefunden? Aus der Lösung des Rauchproblems hatte sich ganz von selbst eine geistige Aufgeschlossenheit ergeben, der ich vieles verdanke. Lange Zeit hatte ich die meisten Thesen über das Rauchen nie angezweifelt und nie hinterfragt – daß Raucher aus freien Stücken rauchen, daß sie den Geschmack von Zigaretten lieben und daß Rauchen nur eine Angewohnheit sei. Es bedurfte wirklich keines Sherlock Holmes, um solche Aussagen als Unsinn zu entlarven. Eigentlich war nur ein wenig Selbstanalyse nötig. Aber nachdem ich es mir nun zur Gewohnheit gemacht habe, alle vermeintlich feststehenden Tatsachen in Frage zu stellen, kann ich gar nicht anders, ob es nun das Rauchen, das Essen oder irgend etwas anderes betrifft.

Wir wurden durch die Gesellschaft im allgemeinen und durch Ärzte, Gesundheitsberater und Ernährungsspezialisten im besonderen einer Gehirnwäsche ausgesetzt, so daß wir bestimmte Thesen über unsere Eßgewohnheiten glauben und als gegeben hinnehmen, selbst wenn sie ganz offensichtlich Unsinn und in vielen Fällen sogar das genaue Gegenteil der Tatsachen sind.

Dr. Bray, der die Einführung zu diesem Buch geschrieben hat, war anfangs überrascht darüber, daß ich keine medizinische Ausbildung habe. Da ist er nicht der einzige. Ich habe schon sehr bald festgestellt, daß mich das Fehlen von medizinischem Wissen nicht nur in die Lage versetzt hat, Raucher kurieren zu können, sondern ebenso, eine Lösung für Gewichtsprobleme zu finden. Ein Arzt konzentriert sich bestimmungsmäßig auf die physischen Schäden des Rauchens und Übergewichts, aber Raucher und Übergewichtige rauchen oder essen nicht zuviel, weil es sie umbringen könnte, genausowenig, wie der Gefangene im Gefängnis bleibt, weil es seiner Gesundheit schadet. Die einzig wirksame Lösung ist, die Ursache zu beseitigen, die uns rauchen oder zuviel essen läßt; und genau das tut meine Methode.

Die Tatsache, daß ich keine medizinische Ausbildung habe,

verschafft mir noch einen anderen großen Vorteil. Ich brauche Ihnen keine Vorträge zu halten. Ich muß keine medizinischen Fachausdrücke verwenden und Sie auch nicht mit Wissenschaft verwirren. Ich bin wie Sie. Ich war genau in der gleichen Situation und habe die gleichen Selbstzweifel, die gleiche Frustration empfunden, die Sie haben. Sie brauchen keine Willenskraft oder positives Denken. Aber Sie werden wie ich feststellen, daß die Lösung so einfach ist, so leicht, daß Sie sich wundern werden, wie Sie all die Jahre in die Irre geführt werden konnten.

Drei wichtige Indizien halfen mir zu erkennen, daß Gewichtskontrolle genauso leicht und einfach ist wie das Rauchenaufhören, wenn Sie das Prinzip erst einmal verstanden haben.

Eines war die Blockade im Kopf, die mich glauben ließ, die einzige Ausnahme meiner Methode sei die Gewichtskontrolle. Warum dachte ich, daß meine Methode für Gewichtsprobleme nicht funktioniert? Weil die Quintessenz meiner Methode zur Raucherentwöhnung ist, daß es leicht ist, ganz aufzuhören, aber es unglaubliche Willenskraft und Disziplin erfordert, zu reduzieren oder den Tabakkonsum zu kontrollieren. Würden Sie das auf das Abnehmen übertragen, also ganz aufhören zu essen, dann hätten Sie sehr schnell nicht nur Ihr Gewichtsproblem erfolgreich gelöst, sondern hätten auch sonst keine Probleme mehr.

Was ist also passiert, daß sich diese geistige Blockade gelöst hat und ich die Wahrheit finden konnte? Wodurch wurde die Blockade verursacht? Sowohl das Verlangen nach Nikotin als auch Hunger nach Essen: Beides führt zu dem gleichen leeren Gefühl. Und sowohl beim Rauchen als auch beim Essen erlebt man das gleiche Vergnügen durch Befriedigen des Verlangens.

Jedoch ist die offensichtliche Ähnlichkeit zwischen Rauchen und Essen eine Illusion. In Wirklichkeit ist genau das Gegenteil der Fall. Rauchen beinhaltet das Verlangen nach einem Gift und bringt Sie schließlich um, wenn Sie damit weitermachen, wohingegen Essen das Verlangen nach Nahrung beinhaltet – die Nahrung, von der Ihr Leben abhängt. Essen ist nicht nur ein wirklicher Genuß, sondern es stillt den Hunger, wohingegen der Versuch, das Verlangen nach Nikotin zu befriedigen, das Einatmen widerlichen Rauchs in die Lungen bedingt. Und jede Zigarette stellt das Verlangen nicht ab, sondern verursacht es in Wirklichkeit.

Abgesehen von dem Problem, daß man mit dem Essen nicht ganz aufhören kann, war es nicht verwunderlich, daß ich dachte, meine Methode sei nicht auf Themen anzuwenden, die – obwohl scheinbar ähnlich – sich in Wirklichkeit diametral gegenüberstehen. Hier habe ich jedoch einen fundamentalen Fehler gemacht. Ich habe Rauchen mit Essen verglichen. Essen ist kein Problem, es ist herrlich, ein wunderschöner Zeitvertreib, etwas, was wir unser Leben lang genießen sollten. Ich hätte Rauchen mit dem vergleichen müssen, was ein fast genauso schlimmer und zerstörerischer Zeitvertreib ist wie das Rauchen, nämlich

Zuviel-Essen.

Ich habe Essen und Zuviel-Essen nie als unabhängige Einheiten gesehen. Für mich war Zuviel-Essen immer eine Steigerung von Essen, vielleicht aufgrund der Tatsache, daß ich Essen so sehr genieße. Ironischerweise glauben Raucher auch, daß sie mit dem Rauchen deshalb nicht aufhören können, weil sie es so sehr genießen. In Wirklichkeit tun sie das aber nie. Sie glauben es nur zu genießen, weil sie sich schlecht fühlen, wenn sie *nicht* rauchen dürfen.

Menschen, die zuviel essen, glauben gleichermaßen, es käme daher, weil sie das Essen so sehr genießen. Natürlich können sie sich miserabel fühlen, wenn sie nicht essen dürfen, aber das bedeutet nicht, daß es ein Genuß ist, zuviel zu essen.

Menschen genießen es, zu essen, aber sie genießen es nicht,

zuviel zu essen. Wenn sie zuviel essen, haben sie Sodbrennen und Verdauungsprobleme, sie fühlen sich aufgebläht, müde, lethargisch, und langfristig macht es sie dick und krank.

Außerdem hat Zuviel-Essen noch einen weiteren großen Nachteil. Die Schuldgefühle und all die anderen Probleme, die durch das Zuviel-Essen entstehen, verderben schließlich den Spaß am Essen insgesamt.

Es ist von Anfang an sehr wichtig, daß Sie ganz klar zwischen Essen und Zuviel-Essen unterscheiden. Normales Essen ist ein wirkliches Vergnügen. Zuviel-Essen verursacht Unbehagen, sowohl während des Essens als auch danach, und anhaltendes Zuviel-Essen führt zu dauerhaft geschädigter Gesundheit und frühzeitigem Tod. Menschen, die zuviel essen, sind sich dieser Tatsache bewußt, aber wie bei den Rauchern, die irrtümlich glauben, das Rauchen zu genießen, ist es auch bei einem Übergewichtigen so, daß er glaubt, daß Zuviel-Essen ein Vergnügen ist und somit wenigstens ein bißchen das darauffolgende Elend ausgleicht. Wie ich später noch erklären werde, ist der Genuß aber illusorisch. Jemand, der zuviel ißt, fühlt sich sowohl beim Zuviel-Essen als auch danach schlecht. Das ist der Grund, warum Sie dieses Buch lesen. Akzeptieren Sie diese einfache Tatsache!

Das führt zu bestimmten Fragen: Was ist Zuviel-Essen, und wie kann man feststellen, ob man ißt oder zuviel ißt? Ich befürchte, daß Sie durch die Wortwahl »Zuviel-Essen« den Eindruck erhalten, Ihr Problem sei eine zu große Nahrungsaufnahme, die Sie logischerweise reduzieren müssen. Wenn ich nun aber sage, das wirkliche Problem ist nicht so sehr die Menge, sondern die Art der Nahrung, die Sie essen, dann fürchten Sie womöglich, daß Sie in Zukunft auf Ihre Lieblingsspeisen verzichten müßten.

Wenn Sie die einfachen Richtlinien befolgen, die ich Ihnen gebe, können Sie soviel von dem essen, was Sie gerne mögen, ohne zuzunehmen. Diese Richtlinien kommen später. Sowohl meine Methode zur Raucherentwöhnung als auch zur Gewichtskontrolle besteht aus Anweisungen, die Ihnen helfen, aus einem Labyrinth zu entkommen. Es ist daher sehr wichtig, daß Sie die Anweisungen in der richtigen Reihenfolge bekommen.

Ich sagte bereits, daß es drei Beweise gab, die mir das Geheimnis der Gewichtskontrolle offenbarten. Beim ersten und wichtigsten Beweis gilt mein Dank

dem Eichhörnchen.

2
Das Eichhörnchen

Ich weiß, daß sie nur ihren natürlichen Instinkten folgt, aber wenn unsere Katze irgendeinen unglücklichen Vogel oder ein Nagetier jagt, fällt es mir schwer, sie zu lieben. Es ist schon schlimm genug, wenn der Vogel ein frecher Spatz ist, aber wenn es sich um ein Rotkehlchen oder eine Blaumeise handelt, finde ich es unmöglich.

Eines Tages hatte sie ein graues Eichhörnchen vor der Wand des Nachbarhauses in die Falle gelockt. Nachdem ich weiß, was für wendige und zähe kleine Tiere die Eichhörnchen sind, habe ich mir keine großen Sorgen gemacht. Eine Konfrontation schien unausweichlich, und ich war sehr gespannt, wie meine Katze ihre längst überfällige Abfuhr bekommt. Was dann passierte, erstaunte mich. Das Eichhörnchen wich der Konfrontation aus, indem es senkrecht die Wand hinaufkletterte.

Mir ist natürlich bewußt, daß Eichhörnchen auf den Bäumen die tollsten Akrobaten sind, aber sicherlich können sie nur scheinbar die Schwerkraft überwinden, indem sie ihre Krallen in die Bäume graben. Die rauhverputzte Mauer hat dem Eichhörnchen offenbar aber auch genug Halt gegeben.

Ich vergaß diesen Vorfall völlig, bis ich zu einem anderen Zeitpunkt beobachtete, wie ein Eichhörnchen genüßlich von den Erdnüssen fraß, die meine Frau regelmäßig auf unsere Terrasse streut. Ich weiß noch, wie ich dachte: Iß zu viele davon, und du schaffst es beim nächsten Mal sicher nicht mehr, die Wand hochzuklettern! Aber da hörte das Eichhörnchen auch schon auf zu essen und fing an die restlichen Nüsse zu vergraben.

Ich fragte mich, warum das Eichhörnchen aufgehört hatte, Nüsse zu essen. Unmöglich, daß es intelligent genug war, zu erkennen: Wenn ich jetzt zu viele Nüsse esse, bekomme ich Übergewicht und kann nicht mehr vor Angreifern fliehen.

Hätte man mir eine Schüssel voller Erdnüsse oder Chips hingestellt, hätte ich niemals aufhören können, bevor ich nicht alle in mich hineingeschlungen hätte. Ich, der intelligentesten Spezies auf diesem Planeten zugehörig, fragte mich, woher das Eichhörnchen die Intelligenz hatte, nicht alle Nüsse auf einmal zu essen.

In den nächsten Tagen überlegte ich immer wieder, was wohl das Eichhörnchen dazu veranlaßt hatte, nicht mehr weiterzuessen und statt dessen die Erdnüsse einzulagern. Sie und ich, wir können einen Sinn darin sehen, aber woher wußte es das Eichhörnchen? Warum hat das Eichhörnchen kein Gewichtsproblem? Woran liegt es, daß wildlebende Tiere niemals Gewichtsprobleme haben? Vielleicht denken Sie sich, daß Tiere wie See-Elefanten oder Flußpferde übergewichtig sind. Und im Vergleich zu einem Windhund sind sie das auch. Aber ihre Größe entspricht ihrem Lebensraum, dem Klima und den Umweltbedingungen, an die sie gewöhnt sind. Stellen Sie sich einen Fischschwarm, eine Herde Antilopen oder irgendeine andere Gruppe wildlebender Tiere vor. Sie alle haben vielleicht unterschiedliche Größen, aber warum haben sie immer dieselbe Form? Warum ist die intelligenteste Spezies dieser Welt gleichzeitig die einzige mit Gewichtsproblemen?

Das war das erste der wichtigen Indizien: Die Erkenntnis, daß 99,99 Prozent der Lebewesen auf der Erde so viel von ihrer Lieblingsnahrung essen, wie sie wollen, und zwar sooft sie wollen, ohne Übergewicht zu bekommen. Offensichtlich kennen sie ein Geheimnis, das uns unbekannt ist. Finden Sie es nicht ironisch, daß unsere überlegene Intelligenz offenbar eher Probleme erzeugt als löst? Denn auch wir müssen dieses Geheimnis gekannt haben, bevor wir uns unser überlegenes Wissen angeeignet haben. Dafür gibt es nur eine mögliche Erklärung. Vielleicht hat die Tatsache, daß wir mit unserer Intelligenz jeglicher anderen Spezies auf diesem Planeten voraus sind, uns arrogant und überheblich gemacht. Und zwar so sehr, daß wir sogar glauben, wir seien intelligenter als die Intelligenz, die uns erschaffen hat. Offensichtlich können wir eine wichtige Lektion von wildlebenden Tieren lernen.

Ich erzählte meine Beobachtung meinem Freund Kim Pimblett, der daraufhin antwortete, ich hätte wohl über die *natural hygiene*, die natürliche Gesundheitslehre gelesen. Ich gebe zu, ich hatte diesen Begriff noch nie gehört und fragte mich, was wohl regelmäßiges Baden, Zähneputzen und Wechseln der Unterwäsche mit dem zu tun hatte, was ich ihm gerade erzählte. Ken erklärte mir, daß es sich um eine seit langem bestehende Theorie handle, die nichts mit Waschen zu tun habe, sondern sich damit beschäftigte, inwieweit die westliche Gesellschaft von natürlichen Eßgewohnheiten abgekommen war. Er beschrieb mir sehr detailliert die Funktionsweise unseres Verdauungs- und Ausscheidungssystems. Während ich ihm zuhörte, beschlich mich eine Vorahnung. Ich gewann den sicheren Eindruck, daß er mich dazu überreden wollte, Vegetarier zu werden. Gleichzeitig war ich von der Tatsache beeindruckt, daß ein Mann, der zehn Jahre älter ist als ich, zehn Jahre jünger aussieht und schlank und rank ist, ohne nur ein Gramm Übergewicht zu haben.

Einer der großen Vorteile von ALLEN CARR'S EASYWAY® ist, daß man kein fachliches oder spezielles Wissen braucht. Das Ganze basiert auf dem gesunden Menschenverstand. Experten wie Ärzte und Ernährungsfachleute bestehen ohne Zweifel auf fachlichen Details. Als Laie fand ich solche Details immer sehr verwirrend; ich fragte mich immer, ob die Argumente nun stimmen oder nicht, denn ich hatte meinerseits nicht genügend Fachwissen, um das beurteilen zu können. Anders gesagt, es ging mir genauso wie mit den Versprechungen der neuesten »magischen« Abnehmhilfe, die immer beeindruckende fachliche Details parat hatte, warum man damit sieben Pfund pro Woche ohne irgendwelche schädlichen Nebenwirkungen abnehmen könnte.

Ich stellte fest, daß ich den Wald vor lauter Bäumen nicht gesehen hatte. Die fachlichen Details haben mich nur von dem wirklichen und wichtigen Argument abgelenkt: *dem gesunden Menschenverstand*. Ich habe also nicht die Absicht, in fachliche Details zu gehen, sondern verlasse mich ausschließlich auf Ihren gesunden Menschenverstand.

Welche wirkliche Bedeutung steckt also hinter dem Erlebnis mit dem Eichhörnchen? Überlegen Sie einmal, wie schön es wäre, wenn Sie von Ihrer Lieblingsnahrung so viel zu sich nehmen könnten, wie Sie wollen, sooft Sie wollen, und damit genau das Gewicht haben könnten, das Sie wollen - ohne eine Diät oder ein spezielles Trainingsprogramm absolvieren zu müssen und ohne den massiven Einsatz von Willenskraft und Disziplin. Und genau das werden Sie mit ALLEN CARR'S EASYWAY® können, denn das ist

meine Behauptung.

3
Meine Behauptung

Vorausgesetzt, Ihre bevorzugte Nahrung ist verfügbar und Sie können es sich leisten, sie zu kaufen:
Sie können so viel von Ihrer Lieblingsnahrung essen, wie Sie wollen, sooft Sie wollen, und genau das Gewicht haben, das Sie sich wünschen, ohne nach einer Diät leben oder spezielle Übungen machen zu müssen, und ohne den Einsatz von Willenskraft oder Hilfsmitteln und ohne sich schlecht zu fühlen oder ein Verlustgefühl zu empfinden.

Genau das wird ALLEN CARR'S EASYWAY® Ihnen ermöglichen.

Klar, das wäre zu schön, um wahr zu sein? Das Leben ist nicht so einfach! Aber bevor Sie die Behauptung als zu weit hergeholt abtun, ohne sie zumindest einmal näher zu betrachten, schauen Sie sich die Zahlen an: Über 99,99 Prozent der Lebewesen finden es genauso einfach. Lassen Sie uns zuerst herausfinden, warum das so ist.

Eine mögliche Erklärung ist, daß wildlebende Tiere durch die Knappheit ihrer Nahrung auf natürliche Art und Weise eingeschränkt werden. Das ist oft der Fall, und viele sind dann unterernährt oder verhungern. Aber genauso gibt es oft einen Überfluß an Nahrung, und trotzdem werden die Tiere nicht übergewichtig. Mein Eichhörnchen ist dafür ein Beispiel. Ein anderes Beispiel sind Termiten. Ich kann mir einfach nicht vorstellen, daß es jemals einen Mangel an verfaultem Holz geben wird. Natürlich können Sie jetzt behaupten, daß wir auch kein Übergewicht hätten, wenn unsere gesamte Nahrung aus verfaultem Holz bestünde. Das stimmt, aber wie ich später noch erklären werde, essen Termiten das verfaulte Holz nicht, um ihr Gewicht zu halten, sondern sie essen es, weil es ihre Lieblingsspeise ist.

Also, was ist das Geheimnis der wildlebenden Tiere? Hören wir mal, wie das mit Allen Carr's magischer Diät ist! Ich möchte gleich zu Beginn zwei mögliche Mißverständnisse klarstellen. Erstens, mit »magisch« hat das nichts zu tun. Ebenso wie bei der Raucherentwöhnung; es erscheint manchen Menschen nur so. Und zweitens, ALLEN CARR'S EASYWAY® ist keine Diät. Durch die klare Unterscheidung zwischen Essen und Zuviel-Essen ist vielleicht der Eindruck entstanden, daß Ihr Problem einfach nur im Zuviel-Essen liegt und Sie deshalb Ihren Konsum verringern müssen, d. h. nicht mehr so viel essen können, wie Sie wollen. Ich verspreche Ihnen, das ist nicht der Fall. Tatsache ist, daß Zuviel-Essen durch falsches Essen verursacht wird, aber das werde ich im Laufe des Buches noch erklären.

Vielleicht leben Sie auch mit der Illusion, daß eines Tages irgend jemand eine Wunderdiät entdeckt, mit der Sie Ihr Gewichtsproblem lösen können. Deshalb ist es zuerst einmal wichtig, diese Illusion zu durchschauen, indem Sie verstehen,

warum Diäten nicht funktionieren können.

4
Warum Diäten nicht funktionieren können

Die Beweise sind überwältigend. Denken Sie einmal an die massive Werbung, mit der wir in den letzten Jahren bombardiert wurden, die die Effizienz einer Vielzahl von Diäten anpries. Moment mal – wenn eine davon funktioniert hätte, dann wäre das Problem doch jetzt gelöst. Dann würde ich dieses Buch nicht schreiben, und Sie würden es nicht lesen. Es ist wichtig, daß Sie jetzt verstehen, warum Diäten nicht funktionieren, wenn Sie in Versuchung geraten, mit der neuesten Wunderkur herumzuexperimentieren.

Ich möchte betonen, daß ich den Begriff »Diät« in diesem Kapitel nicht allgemein zur Beschreibung der Vielfalt von Essen verwende, die eine Person oder eine Gruppe Menschen normalerweise ißt, sondern im eingeschränkten Sinne von »eine Diät machen«. Und genau das ist das Problem bei Diäten. Sie sind eingeschränkt! Sie dürfen entweder nicht mehr so viel essen, wie Sie wollen, oder nicht mehr das, was Sie wollen.

Wenn Sie nicht auf Diät sind, können Sie all das essen, was Sie wollen, und zwar wann immer Sie wollen. Das Essen dominiert nicht Ihr Leben, sondern ist ein angenehmer Teil davon. In dem Moment, in dem Sie sich sagen, ich muß die Menge reduzieren oder aufpassen, was ich esse, opfern Sie etwas. Sie empfinden einen Verlust. Und Essen wird damit nicht weniger wertvoll, sondern ganz im Gegenteil – es wird zehnmal wertvoller. Und je wertvoller es für Sie wird, desto schlechter fühlen Sie sich. Sie erzeugen damit eine immer stärker werdende Kettenreaktion zwischen Ursache und Wirkung, die beinahe identisch mit der ist, unter der Raucher leiden, wenn sie versuchen, mit der Willenskraft-Methode aufzuhören. Früher oder später bricht der Widerstand zusammen, und man stopft wieder alles wahllos in sich hinein.

Wenn Sie auf Diät sind, sind Sie andauernd hungrig. Ihr gesamtes Leben wird vom Gedanken ans nächste Essen beherrscht. Sie fühlen sich schlecht, weil Sie nicht essen dürfen, und wenn dann das wertvolle Essen endlich da ist, dann fühlen Sie sich immer noch schlecht – entweder, weil Sie nicht genügend essen dürfen, um Ihren Hunger zu stillen, oder, weil Sie das, was Sie essen, nicht mögen. Und in den meisten Fällen fühlen Sie sich auch noch schuldig, weil Sie mehr essen, als Ihre Diät erlaubt.

Wenn Sie nicht auf Diät sind, kann auch einmal ein Teil oder sogar eine ganze Mahlzeit ausfallen, ohne daß ein großes Verlustgefühl entsteht. Fällt aber eine Mahlzeit aus, wenn Sie auf Diät sind, dann wird das als ein Extrabonus auf Kredit abgespeichert, und Sie achten darauf, es bei der nächsten Mahlzeit wieder hereinzuholen. Auf Diät essen Sie niemals weniger, als Ihr Kalorienbudget vorsieht, sondern viel zu oft sogar mehr.

Es ist erwiesen, daß man bei den meisten Diätversuchen langfristig gesehen an Gewicht zunimmt anstatt abzunehmen. Wenn Sie die psychologische Seite von Diäten betrachten, ist das eigentlich kein Wunder.

Aber selbst wenn Sie die unglaubliche Willenskraft und Disziplin aufbringen, mit der Sie sich strikt an eine Diät halten, und dann schließlich das von Ihnen gesetzte Zielgewicht erreichen, was passiert dann? Dann ist die Diät vorbei. Endlich können Sie wieder das essen, was Sie wollen und auch wann Sie wollen, und – welche Überraschung! – ehe Sie sich's versehen, sind Sie wieder auf dem Gewicht, das Sie hatten, bevor Sie mit Ihrer Diät angefangen haben!

All diese Wochen der Disziplin, die einem wie Jahre vorkamen, diese Wochen des Elends und des Verlustes sind in ein paar Tagen wieder zunichte gemacht.

Stellen wir uns den Tatsachen: Alles, was eine Diät bewirkt, ist, daß Essen noch wertvoller erscheint und sich gleichzeitig in einen Alptraum verwandelt. Und genau diese Vorgehensweise – eine Diät zu machen und dieses Gefühl des Verlustes und letztendlich das Scheitern des Ganzen – führt dazu, daß jeder das Abnehmen fürchtet. Akzeptieren Sie es – *Diäten können nicht funktionieren!* Unser wirkliches Problem sind unsere Eßgewohnheiten. Was wir ändern müssen, sind

unsere Eßgewohnheiten.

5
Unsere Eßgewohnheiten

Ob wir wollen oder nicht, Diäten funktionieren nicht. Das wirkliche Problem ist, daß wir uns durch Gehirnwäsche schlechte Eßgewohnheiten zugelegt haben. Mit diesem Buch sind wir gerade dabei, diese Eßgewohnheiten zu verändern, nicht nur für ein paar Tage oder Wochen, sondern für den Rest unseres Lebens. Vielleicht denken Sie jetzt, das klingt, als ob ich den Rest meines Lebens Diät halten muß! Nein! Sie verändern eine Situation, die Sie selbst nicht mögen, und das tun Sie aus dem ganz eigennützigen Grund, daß Ihnen das Leben so viel mehr Freude macht. Sie brauchen auch nicht zu warten, bis Sie Ihr gewünschtes Gewicht erreicht haben. Sie können das Ganze von Anfang an genießen.

Der einzige Grund, warum man normalerweise mit einem Gefühl der Leere und Schwermut beginnt, wenn man seine Gewichtsprobleme zu lösen versucht, ist der folgende: Man sieht die einzige Lösung darin, entweder eine Diät zu machen oder ein massives Trainingsprogramm zu absolvieren oder eine Kombination aus beidem. Das ist beim Übergewichtigen das Äquivalent zur Willenskraft-Methode beim Raucher. Sie suchen nach der Zauberlösung für ihr Problem. Aber es gibt sie wirklich:

Allen Carr's Easyway® – der leichte Weg.

In Wirklichkeit ist es keine Hexerei, aber wenn Sie alle Anweisungen befolgen, dann wird es Ihnen so vorkommen. ALLEN CARR'S EASYWAY® verändert Ihre Eßgewohnheiten. Sie denken sich jetzt zweifellos: Moment mal, jetzt ist das Ziel geändert, Sie haben mir gesagt, ich könne so viel von meiner Lieblingsspeise essen, wie ich will, wann ich will, und genau das Gewicht haben, das ich will. Ich esse bereits so viel von meiner Lieblingsspeise, wie ich will, und das ist der Grund, warum ich Übergewicht habe. Wenn ich meine Eßgewohnheiten verändere, dann kann ich *eben nicht mehr* so viel von meiner Lieblingsspeise essen, wie ich will!

Die meisten Raucher glauben wirklich, daß sie den Geschmack von Zigaretten genießen. Tatsache ist, das tun sie niemals. Glücklicherweise erinnern sich die meisten daran, daß ihre erste Zigarette ganz schön ekelhaft geschmeckt hat und wie lange es gedauert hat, um sich an diesen widerlichen Geschmack zu gewöhnen. Wenn ein Raucher behauptet, er genieße den Geschmack von Zigaretten, dann fragen Sie ihn, ob er sie ißt. Was hat der Geschmack damit zu tun? Offensichtlich nichts. Was ich damit meine, ist: Wenn Millionen von Rauchern durch Gehirnwäsche dazu gebracht werden können zu glauben, sie genießen den Geschmack von etwas, das in Wirklichkeit ekelhaft und abstoßend ist und das sie gar nicht essen – wieviel leichter ist es dann für die Konzerne, uns davon zu überzeugen, daß bestimmte Nahrungsmittel hervorragend schmecken, selbst wenn sie in Wirklichkeit nichtssagend oder sogar ekelhaft sind?

Ein ganz klassisches Beispiel sind Austern, die als teure Delikatesse angesehen sind. Haben Sie jemals eine probiert? Tatsache ist, sie sind schwierig zu essen. Wenn Sie sie schon einmal probiert haben, dann wissen Sie, daß Sie das gleiche für einen Bruchteil der Kosten haben könnten, wenn Sie ein leicht gesalzenes Gelee schlürfen. Die meisten Leute, die den Mut aufbringen, mal versuchsweise eine Auster zu schlürfen, sind in Wirklichkeit nicht so versessen darauf, diese Erfahrung zu wiederholen.

Ich habe hier ein sehr anschauliches Beispiel verwendet, mit dem die meisten etwas anfangen können. Aber die Tatsache, daß wir hinter die Fassade von Austern oder Kaviar sehen, verhindert nicht, daß beides immer noch als große Delikatesse angesehen wird. Die Gehirnwäsche ist sehr mächtig und wirkt genauso bei Nahrungsmitteln, die allgemein für Grundnahrungsmittel gehalten werden.

Glauben Sie nicht, daß die Nahrung, die Sie momentan für Ihre Lieblingsspeise halten, auch tatsächlich am besten schmeckt. Die Nahrung, die wirklich am besten schmeckt, ist gleichzeitig auch die Nahrung, die Ihnen am besten bekommt und die Sie auf Dauer Ihr Wunschgewicht halten läßt.

Ich erwarte nicht, daß Sie hier einfach meinen Worten glauben. Was ich allerdings von Ihnen erwarte, ist, daß Sie offen und unvoreingenommen sind. Lassen Sie sich nicht von Ihren Geschmacksnerven versklaven. Geschmack ist zu Ihrer Freude da, nicht zu Ihrem Schaden. Er ist da, um genutzt zu werden. Und bevor Sie sich festlegen und entscheiden, was Ihre Lieblingsspeise ist, müssen Sie mehr über diese Nahrung erfahren und wie Ihr Verdauungssystem mit ihr umgeht.

Zweifelsohne haben Sie für sich Ihr Wunschgewicht schon festgelegt. Ich werde bald erklären, warum es völlig unlogisch ist, sein Wunschgewicht schon vorher festzulegen. Es wäre noch viel schlimmer, schon vorher Ihre Lieblingsspeise zu bestimmen. Vielleicht halten Sie mich für arrogant, wenn ich behaupte, mehr über Ihre Lieblingsspeise zu wissen als Sie selbst. Aber im Moment bitte ich Sie, Geduld mit mir zu haben, alles wird zur richtigen Zeit aufgeklärt.

Ist es nicht so, daß die meisten Mahlzeiten, die wir in unserem Leben zu uns nehmen, weniger eine Sache der persönlichen Auswahl sind, sondern vielmehr das Ergebnis eines Konditionierungsprozesses von Geburt an? Haben Sie sich entschieden, ob Sie gestillt werden oder die Flasche bekommen und wie oft Sie sie bekommen haben? Und als Sie abgestillt waren, haben dann Sie oder Ihre Mutter entschieden, was Sie essen und wie oft?

War es in der Schule möglich, genau das zu essen, was Sie wollten und wann Sie wollten? Konnten Sie in die Firmenkantine gehen, wann immer Sie Lust hatten, und genau das bestellen, was Sie wollten? Wenn Sie zu Hause essen, entscheidet nicht meistens derjenige, der das Essen kocht, was und wann Sie essen? Und selbst wenn Sie die Person sind, der diese nicht beneidenswerte Rolle zukommt, und Sie versuchen, den unterschiedlichen Vorlieben aller Mitglieder des Haushalts gerecht zu werden, und zwar mit einem Budget, das das Ganze fast unmöglich macht, dann haben Sie wahrscheinlich am allerwenigsten die Wahl.

Sie könnten jetzt sagen, Ihr Partner kocht großartig und vollbringt wahre Wunder mit wenig Haushaltsgeld. Das kann meine Frau auch, und ich kann sie jeden Tag der Woche gegen Ihren Partner antreten lassen, aber trotzdem hatte ich noch 14 Kilogramm Übergewicht, als ich mit ALLEN CARR'S EASYWAY® begonnen habe. Ich sage nicht, daß meine Frau daran Schuld hat. Ganz im Gegenteil, aber ihre Kochkünste sind so gut, daß ich nicht aufhören konnte zu essen.

Momentan bitte ich Sie nur: Akzeptieren Sie, daß die meisten Mahlzeiten, die Sie essen, nicht das Ergebnis Ihrer Entscheidung, sondern einer Konditionierung sind. Selbst wenn Sie in einem Restaurant essen, beschränkt sich Ihre Auswahl auf die Speisekarte. Und vielleicht geht es Ihnen so wie mir: Sie stellen fest, daß in vielen Restaurants weniger die Auswahl zwischen vielen köstlichen Speisen das Problem ist, sondern vielmehr das eine Gericht zu finden, das Sie wirklich mit Genuß essen können! Essen Sie, wie ich, alles auf, was auf dem Teller ist? Und wie oft bestimmen Sie die Essensmenge auf Ihrem Teller? Im Restaurant können Sie das nicht, außer natürlich bei einem Buffet. Ich habe festgestellt, daß ein Buffet das Ganze noch verschlimmert. Dann belädt man seinen Teller mit der dreifachen Menge von dem, was man normalerweise essen würde, und versucht auch noch, das alles aufzuessen.

Wie steht es mit den kleinen Snacks zwischen den Mahlzeiten – treffen wirklich wir die Entscheidung, sie zu essen? Oder wird sie nicht oft durch eine Fernsehwerbung ausgelöst oder weil wir gerade etwas Köstliches gerochen haben oder weil uns jemand etwas anbietet oder weil wir Langeweile haben oder uns unsicher fühlen oder weil wir finden, daß wir eine kleine Belohnung verdient hätten? All diese Gründe können die Ursache für eine dieser kleinen zusätzlichen Mahlzeiten sein; sie lösen oft eine Gewohnheit aus, die dann zum regelmäßigen Zuviel-Essen oder sogar zu zwanghaftem Essen führen kann.

Ich unterstelle, daß Ihre Eßgewohnheiten weniger das Ergebnis Ihrer eigenen Entscheidung, sondern vielmehr das Ergebnis der Konditionierung durch Ihre Eltern und Ihre Kultur sind, die wiederum durch massive Werbung von Konzernen konditioniert wurden.

Ich schlage auch vor, daß ab jetzt *Sie* entscheiden sollten, welche Nahrung Sie essen wollen und wann und wie oft und wieviel. Von jetzt an werden *Sie* das kontrollieren.

Vielleicht empfinden Sie das als sehr gewagte Aussicht. Sollte das so sein, dann verstehe ich das. Aber keine Sorge, es ist leicht und macht Spaß, und das ist es, worum es bei ALLEN CARR'S EASYWAY® geht!

Vielleicht haben Sie auch bereits entschieden, daß meine Behauptung unmöglich ist, und sind versucht, dieses Buch in den Papierkorb zu werfen. Bevor Sie das tun, überdenken Sie nochmals meine Behauptung, denn sie beinhaltet schon eine ganze Menge und spricht für sich!

Sie können so viel von Ihrer Lieblingsnahrung essen, wie Sie wollen, sooft Sie wollen, und genau das Gewicht haben, das Sie wollen, ohne Diät halten zu müssen oder ein spezielles Trainingsprogramm durchzuführen und ohne den Einsatz von Willenskraft oder Disziplin.

Denken Sie einen Moment nach – lohnt sich dafür nicht ein bißchen Mühe Ihrerseits? Vielleicht klingt es unmöglich, aber über 99,99 Prozent der Lebewesen können genau das, also warum sollten Sie es nicht können?

In Wirklichkeit ist das Ganze noch viel besser. Können Sie ehrlich sagen, daß Sie jede Mahlzeit, die Sie zu sich nehmen, mit Genuß essen? Abgesehen von den unglaublichen Vorteilen, daß Sie sich leichter, gesünder, energiereicher und selbstbewußter fühlen, werden Sie in Zukunft genau das tun, wenn Sie die einfachen Anweisungen befolgen, die ich Ihnen gebe. Und noch mehr, Sie werden diese Mahlzeiten ohne Schuldgefühle genießen.

ALLEN CARR'S EASYWAY® hat noch einen großen Vorteil – Sie müssen weder Diät halten noch sich mit frustrierender Kalorienzählerei herumschlagen. Wenn ich daran denke, wie ich genauestens den Tagesbedarf für Butter und Zucker abgewogen habe und dann entsetzt auf die lächerlich kleinen Portionen schaute, dann ist es kein Wunder, daß ich aufgegeben habe, bevor ich überhaupt angefangen hatte.

Bestimmt fragen Sie sich, wo der Haken ist. Ich habe nichts dagegen, daß Sie skeptisch sind, ganz im Gegenteil, ich würde Sie sogar für ziemlich naiv halten, wenn Sie es nicht wären. Ich verspreche Ihnen, es gibt keinen Haken. Mir ist mein Ruf schon etwas wert. Ich habe es nicht nötig, meinen Kopf aus dem Fenster zu strecken, indem ich lächerliche Behauptungen aufstelle, und dann ziemlich dumm dazustehen, wenn Sie es nicht schaffen, weil ich Sie angeschwindelt habe. Alles was Sie tun müssen, um mit ALLEN CARR'S EASYWAY® erfolgreich zu sein, ist die einfachen Anweisungen zu befolgen. Und hier ist Ihre erste Anweisung:

Befolgen Sie alle Anweisungen!

Diese erste Anweisung mag Ihnen den Eindruck vermitteln, daß es sich um ein sehr starres Programm handelt. Aber das ist nicht so. Einer der größten Vorteile von ALLEN CARR'S EASYWAY® ist die Flexibilität.

Ich werde nicht verlangen, daß Sie mir blind glauben, denn es ist sehr wichtig, nicht einfach nur stur jegliche Anweisung zu befolgen. Wichtig ist, daß Sie den Grund dafür verstehen. Das macht es wahrscheinlich, daß Sie die Anweisung nicht ignorieren. Ich werde den Grund für jede Anweisung immer genau erklären. Die zweite Anweisung lautet:

Bleiben Sie offen und unvoreingenommen!

Das ist die schwierigste Anweisung, die ich Ihnen gebe. Vielleicht glauben Sie, daß Sie bereits offen und unvoreingenommen sind, und erwarten diesbezüglich keine Probleme. Wenn das so ist: Achtung! Es ist wahrscheinlich, daß genau das Gegenteil der Fall ist. Ein Beispiel: Ich sagte, daß es wichtig ist, den Grund für jede Anweisung zu verstehen. Ich habe für die erste Anweisung keinen Grund genannt. Natürlich denken Sie sich, daß der Grund für diese erste Anweisung so offensichtlich ist, daß es überflüssig wäre, ihn zu erklären. Aber das ist nicht der Fall.

Viele Menschen halten meine Methode für eine Auflistung nützlicher Tips, die sie entweder befolgen oder nicht, je nachdem, ob man sie für passend hält oder nicht. Aber das stimmt nicht. ALLEN CARR'S EASYWAY® ist ein vollständiges Programm, das es Ihnen ermöglicht, Ihr Ziel zu erreichen, vorausgesetzt, Sie befolgen *alle* Anweisungen.

Ich habe ALLEN CARR'S EASYWAY® mit dem Weg aus einem Labyrinth verglichen. Stellen Sie sich vor, Sie haben Ihr ganzes Leben lang versucht, aus einem Labyrinth herauszukommen. Jetzt kann ich Ihnen die genauen Anweisungen dafür geben, und wenn Sie sie exakt befolgen, dann schaffen Sie es nicht nur sicher, sondern auch leicht. Wenn Sie jedoch nur eine einzige Anweisung ignorieren oder falsch verstehen, dann bleiben Sie im Labyrinth, egal, wie genau Sie die anderen Anweisungen befolgt haben. Und genau das gleiche gilt für ALLEN CARR'S EASYWAY®.

Ist es nicht seltsam, wie viele Menschen oft geistig so verschlossen sind? Sie erscheinen uns voreingenommen, voller Vorurteile, ja sogar engstirnig. Aber auf uns trifft das natürlich nicht zu. Machen Sie sich nichts vor. Ich habe mich immer für einen fairen, offenen Menschen gehalten. Es war eine unglaubliche Erleichterung, aus dem Gefängnis Rauchen freizukommen. Aber es war auch ein unglaublicher Schock für mein Ego, wie ich so viele Jahre meinen Geist vor so offensichtlichen Dingen verschließen konnte. Und es war ein kaum geringerer Schock zu erkennen, daß mein Geist bezüglich meiner Eßgewohnheiten genauso verschlossen war.

Um eine offene geistige Einstellung zu haben, müssen Sie erst einmal erkennen, daß das bisher nicht der Fall war. Eine der größten Errungenschaften der Menschheit ist die Fähigkeit, Wissen blitzschnell weltweit zu kommunizieren. Aber wie John Wayne sagte, daß ein Revolver genauso gut oder schlecht ist wie der Mann, der ihn abfeuert, ist es bei den technischen Kommunikationsmitteln genau dasselbe – sie sind nicht besser oder schlechter als die kommunizierte Information. Diejenigen unter Ihnen, die meine Methode zur Raucherentwöhnung kennen, sind sich bereits der starken Einflüsse bewußt, die die moderne Kommunikation bei der Gehirnwäsche der Raucher hat. Das passiert aber in praktisch allen Bereichen unseres Lebens.

Lassen Sie uns einige offensichtliche Beispiele dieser Gehirnwäsche untersuchen. Ein Hamster ist für uns ein knuddeliges, pelziges, kleines Lebewesen, ungefähr so groß wie eine Ratte. Und tatsächlich ist der einzig wirklich erkennbare

Unterschied zwischen einem Hamster und einer Ratte die Länge des Schwanzes. Viele Menschen würden gerne einen Hamster streicheln, aber allein der Anblick einer Maus in einem geschlossenen Raum, ganz zu schweigen von dem einer Ratte, führt garantiert zu einer Panik. Den Eindruck, den Hollywood-Filme vermitteln, ist, daß die Frauen kreischen und auf den nächsten Tisch springen, wohingegen ihre männlichen Begleiter gelassen bleiben und sich milde lächelnd über die Verhaltensweise der Damen amüsieren. In Wirklichkeit neigt der natürliche männliche Instinkt dazu, den Damen zu folgen. Das Problem ist aber: Wir wurden durch Erziehung (= Gehirnwäsche) dahin gebracht, daß es unmännlich ist, sich vor Drachen zu fürchten, und schon gar nicht vor Ratten, also geben wir Männer vor, die Ratten würden uns völlig kaltlassen. Aber »Big Brother« weiß es besser.

Aber ob wir nun weiblichen oder männlichen Geschlechts sind, warum sehen wir zwei so ähnliche Lebewesen so unterschiedlich an? Beruht das auf tatsächlichen Unterschieden? Wie viele Leute kennen Sie, die tatsächlich von einer Ratte angegriffen oder gebissen wurden? Nein, das liegt daran, daß wir von Geburt an per Gehirnwäsche mit Ratten etwas Böses und Schlechtes assoziiert haben. Die Pest, der Rattenfänger von Hameln, George Orwells 1984. Tatsache ist, die Pest wurde durch die schwarze Ratte übertragen, die durch das Auftauchen unserer braunen Ratte beinahe ausgerottet wurde. Leute, die Ratten als Haustiere halten oder Forschungen an Ratten durchführen, kennen sie als saubere, angenehme und sehr intelligente Tiere.

Wird nicht unser Bild von den meisten Tieren durch Gehirnwäsche geformt? Warum sehen wir Schlangen als so böse und abstoßende Kreaturen an? Haben Sie jemals eine Schlange in der freien Natur gesehen, sie berührt, oder sind Sie von einer gebissen worden?

Warum halten wir Koalas für so liebenswerte, knuddelige

Lebewesen? Glauben Sie wirklich, daß sie nicht auch Flöhe haben oder Ihnen ein Stück Finger abbeißen können, wie alle anderen wildlebenden Tiere?

Lassen Sie uns nun auf einen Teil dieser Gehirnwäsche bezüglich des Essens schauen. Garnelen und Langusten gelten als teure Delikatessen, für mich ganz besonders. Aber vom Aussehen her unterscheiden Sie sich nicht sehr von Skorpionen. Ich war aber noch nie versucht, einen Skorpion zu essen – nicht daß ich dazu jemals die Gelegenheit gehabt hätte. Hätte ich sie aber gehabt, wäre ich wahrscheinlich nicht in der Lage gewesen, einen Skorpion zu essen, ohne mich zu übergeben. Gut, sagen Sie, das liegt daran, daß Skorpione giftig sind. Aber die meisten Tiere, die wir essen, haben giftige Stellen – wir essen sie nur nicht. Vielleicht schmecken Skorpione ekelhaft? Vielleicht. Vielleicht schmecken sie auch gut. Ich glaube nicht, daß der Geschmack eine Rolle spielt, dennoch würde ich mich davor grausen.

Glauben Sie, Sie könnten einen fetten, glibberigen, lebenden Wurm essen, ohne würgen zu müssen? Und doch, viele Lebewesen, einschließlich Millionen von Menschen, halten lebende Würmer für eine Delikatesse. Warum ekeln wir uns, wenn wir einen Wurm im Apfel finden? Wo es sich doch dabei immer noch um 98 Prozent Apfel handelt! Allein der Gedanke, Pferde- oder Hundefleisch zu essen, stößt viele Leute ab, aber glauben Sie wirklich, daß Sie mit verbundenen Augen den Unterschied zwischen Rindfleisch mit Curry oder Pferde- oder Hundefleisch mit Curry schmecken würden? Und selbst wenn Sie das könnten, warum sollten Sie zwischen beiden unterscheiden wollen? Aber Sie unterliegen ja der Gehirnwäsche.

Ich erinnere mich noch deutlich an mein erstes chinesisches Essen. Ich hielt mich für sehr draufgängerisch und experimentierfreudig. Aber schon der Klang von Gerichten wie Haifischflossensuppe oder Vogelnestersuppe war bereits geistig schwer zu verdauen, mal ganz abgesehen vom real-konkreten Vorgang. Ich stellte mir den kompletten Inhalt eines Vogelnests vor, einschließlich Insekten und Kot, der in eine Pfanne oder Wasser gegeben und dann für 10 Minuten gekocht wurde. Mir kam gar nicht in den Sinn, daß die Chinesen mit ihrer Lebensweise ungefähr dreimal länger als meine Vorfahren gelebt haben, und wenn ihre Nahrung giftig gewesen wäre, hätte das niemals der Fall sein können.

Außerdem bedachte ich nicht, daß das, was ich aß, überhaupt nichts mehr mit dem zu tun hatte, was die Mehrheit der Millionen von Chinesen ißt, und daß mir eine westliche Version der chinesischen Küche serviert wurde. Ein paar Jahre später machte ich eine ähnliche Erfahrung mit Curry.

Übrigens, wissen Sie, daß der Hauptbestandteil von Vogelnestersuppe der Speichel von Mauerseglern ist? Ich weiß nicht, wie es Ihnen geht, aber allein der Anblick von jemandem, der auf den Gehweg, oder eines Fußballers, der auf den Rasen spuckt, verursacht bei mir Übelkeit. Schmeckt Vogelnestersuppe tatsächlich so wunderbar, daß Mauersegler durch die Nachfrage nach ihrem Speichel vor der Ausrottung stehen?

Hätten Sie mir mit zehn Jahren erzählt, daß ich Schnecken und Frösche essen könnte, und zwar sowohl ohne mich zu übergeben als auch noch in dem Glauben, daß ich den Geschmack genieße, hätte ich Ihnen nicht geglaubt. Als es dann doch dazu kam, hat es mir ohne Zweifel geholfen, daß ich mich gerade auf einer romantischen Bootsfahrt auf der Seine befand und mindestens eine Flasche Wein getrunken hatte. Ich bezweifle nicht, daß ich die Situation genoß. Aber war der Geschmack von Schnecken und Froschschenkeln wirklich ein Genuß? Ich kann darauf keine ehrliche Antwort geben. Bei beiden dominierte die Knoblauchsoße.

Ich haßte Knoblauch. Mittlerweile habe ich mich an den Geschmack gewöhnt. Warum kann ich den Geschmack von

es", 1er cru   Fr. 92.—

                            Fr. 125.—

rissey   Fr. 132.—

bestimmten Nahrungsmitteln nur dann genießen, wenn sie mit Knoblauch angereichert sind? Wie können wir so dumm sein zu glauben, daß wir überhaupt ein Nahrungsmittel schmecken können, wenn es mit etwas so Starkem wie Knoblauch gewürzt ist und das einzige, was man schmeckt und die Leute um einen herum riechen, Knoblauch ist?

Es scheint also so zu sein, daß man uns weismachen kann, daß alles gut schmeckt oder schlecht. Nehmen wir noch einmal den Speichel von Mauerseglern. Ist es nun so, daß die Chinesen durch die Gehirnwäsche etwas, das ich abstoßend finde, köstlich finden, oder glaube ich durch die Gehirnwäsche, daß etwas Köstliches abstoßend ist? Man braucht Mut, Intelligenz und Vorstellungskraft, um eine lebenslange Gehirnwäsche rückgängig zu machen. Aber selbst das bedeutet nicht, daß man sich schlecht fühlen muß. Also lautet Ihre dritte Anweisung:

Beginnen Sie mit einem Gefühl der Freude und Spannung!

Vielleicht finden Sie das schwierig. Vielleicht schwanken Ihre Gefühle noch zwischen erstem Verständnis, düsteren Vorahnungen, schierer Panik oder totaler Ablehnung. Sollte das der Fall sein, werden sie zweifelsohne durch die Erinnerung an das Verlustgefühl ausgelöst, das Sie während Ihrer früheren Diäten empfanden, kombiniert mit dem Verlust des Selbstwertgefühls, der durch den Mißerfolg entstand, und dem Glauben, daß Sie einfach nicht das haben, was Sie zum Erfolg brauchen.

Kriegen Sie das ganz klar in Ihren Kopf, Ihr Mißerfolg hatte nichts mit irgendwelchen Charakterschwächen zu tun. Nehmen wir mal an, ich bitte Sie, aufzustehen und das linke Bein zu heben, so daß es den Boden nicht mehr berührt. Einfach, das kann jeder. Jetzt bitte ich Sie, das rechte Bein zu heben, und zwar ohne das linke vorher abzustellen, so daß Sie in der

Luft hängen. Das würden Sie nicht einmal probieren, denn Sie wissen, daß es unmöglich ist. Vielleicht könnten Sie nicht wissenschaftlich erklären, warum das so ist – aber Sie *wissen*, daß es unmöglich ist. Hätten Sie jetzt das Gefühl eines Mißerfolgs, weil Sie es nicht können? Natürlich nicht.

Sie haben versucht, etwas Unmögliches zu erreichen, als Sie Ihr Gewicht durch eine Diät in den Griff bekommen wollten, und zwar aus dem Grund, den ich bereits nannte: Diäten können nicht funktionieren! Ihr Mißerfolg lag also nicht an Ihnen, sondern daran, daß Sie etwas Unmögliches versucht haben. Man kann sehr leicht nachvollziehen, daß es unmöglich ist, beide Beine gleichzeitig zu heben, aber warum kann man nicht auf Anhieb erkennen, daß es unmöglich ist, mit einer Diät auf Dauer erfolgreich zu sein? Dafür gibt es mehrere Gründe.

Der erste ist, daß die Leute, die die Diät vermarkten, Verwirrung stiften, indem sie überzeugende und wissenschaftliche, aber nichtsdestoweniger trügerische Gründe nennen, warum sie funktionieren wird. Ein weiterer Grund ist, daß Sie selbst schon mindestens einmal einen vorübergehenden Erfolg hatten. Deshalb wissen Sie, daß es möglich ist. Aber Sie waren nicht erfolgreich! Jeglicher Fortschritt war nur kurzfristig, und das ist der grundlegende Fehler bei Diäten. Aber der überzeugendste Grund ist der folgende: Obwohl wir glauben, daß wir selbst nicht das Zeug zum Erfolg bei einer Diät haben, kennen wir aber viele Menschen, die die Willenskraft haben, um erfolgreich zu sein. Raucher glauben, daß es der Mangel an Willenskraft ist, der sie vom Aufhören abhält. Ich frage sie, wie weit sie für eine Schachtel Zigaretten gehen würden, wenn sie ihnen nachts ausgehen. Ein Raucher würde sogar versuchen, durch den Ärmelkanal zu schwimmen, um an eine Schachtel Zigaretten zu kommen. Ironischerweise ist es nur ihr starker Wille, der Raucher beim Rauchen hält. Raucher, die durch eigene Willenskraft aufhören, tun das, weil ihre Angst, an Lungenkrebs zu sterben, schwerer wiegt als das illusorische Verlangen nach einer Zigarette. Und man braucht schon viel Willenskraft, um seinen Geist abzuschirmen gegen die Gesundheitsrisiken, die Kosten, den Dreck, die soziale Ächtung, um weiter rauchen zu können. Denn letztlich zwingt niemand einen Raucher zum Rauchen. Es ist nicht der Mangel an Willenskraft, der Raucher vom Aufhören abhält, sondern es ist ein Willenskonflikt, ein Konflikt zwischen Verstand und Verlangen.

Bei Diäten ist es genau dasselbe. Eine Diät zu machen ist eine Form der Schizophrenie. Ein Teil Ihres Verstandes sagt: Ich bin fett und häßlich und fühle mich nicht wohl, während der andere Teil sagt: Ich würde aber so gerne dieses Sahnetörtchen essen. Es ist ein Konflikt des Willens – ein ständiges Tauziehen, ein ewiges Hin und Her.

Betrachten Sie einmal Leute, die mit Diäten Erfolg haben, oder noch genauer, Leute, von denen Sie glauben, daß sie damit erfolgreich sind. Handelt es sich nicht immer um die gleiche Kategorie Menschen: Schauspieler, Prominente, Fußballer, Athleten etc.? Leute, für die eine Gewichtskontrolle nicht nur wünschenswert, sondern sogar absolut notwendig ist? Glauben Sie nicht, daß diesen Leuten das Sahnetörtchen noch wertvoller erscheinen muß als Ihnen, denn Sie können der Versuchung nachgeben, während es sich die andern nicht leisten können? Haben Sie schon einmal bemerkt, daß die meisten aufgehen wie ein Ballon, wenn sie dann mit ihrem Beruf aufhören, manche sogar schon vorher? Machen Sie sich einmal absolut klar, daß bei diesen Menschen der Wunsch, dünn zu bleiben, wichtiger ist als ihre Versuchung zu essen. Aber um das zu erreichen, müssen sie sich selbst disziplinieren. Das betrachte ich nicht als Erfolg. Natürlich erreichen sie die Kontrolle über ihr Gewicht, aber sie leben dadurch auch mit einem dauernden Verlustgefühl.

Wie auch immer, akzeptieren wir einmal, daß Diäten bei

Ihnen nicht erfolgreich funktionieren und daß Ihre früheren Mißerfolge nicht auf irgendwelchen Unzulänglichkeiten Ihrerseits beruhten, sondern darauf, daß Sie die falsche Methode angewandt haben. Ich habe erklärt, warum ALLEN CARR'S EASYWAY® nicht auf dem Einsatz von Willenskraft basiert und auch keine Übung im positiven Denken ist. Trotzdem müssen Sie positiv denken, oder, um es anders zu formulieren, Sie müssen aufhören, negativ zu denken.

Bergsteiger, die auf dem Gipfel des Mount Everest stehen, empfinden ein herrliches Gefühl der Freude und des Erfolgs. Und sie haben dieses Gefühl der Spannung und Freude vom ersten Moment an, sobald die Idee in ihren Gedanken Gestalt annimmt. Dieses Gefühl entsteht nicht erst während der immensen physischen und geistigen Belastungen, die sie während des Aufstiegs aushalten müssen, sondern schon während der langwierigen Planungs- und Trainingsphase. Dieses Gefühl der Spannung und Freude wird nur durch ein Gefühl der Niedergeschlagenheit ersetzt, falls Angst vor dem Versagen aufkommt.

Indem ich das Abnehmen mit dem Besteigen des Mount Everest vergleiche, verstärke ich bestimmt Ihren Eindruck, Sie müßten eine sehr schwierige Sache, wenn nicht gar eine unmögliche Leistung vollbringen. Das stimmt aber nicht. Den Mount Everest zu besteigen ist ziemlich schwierig. Das ist eine Tatsache. Sogar, wenn man es sorgfältig plant, vorbereitet und die richtige geistige Einstellung hat, können Umstände, die außerhalb der Kontrolle der Bergsteiger liegen, wie z. B. schlechtes Wetter, die Chancen auf Erfolg zunichte machen.

Es ist lächerlich einfach, sein Gewicht zu kontrollieren. Über 99,99 Prozent aller Lebewesen machen das ihr ganzes Leben lang, ohne überhaupt darüber nachzudenken. Aber wenn Sie mit einem schlechten Gefühl oder einem fürchterlichen Angstgefühl beginnen, dann untergraben Sie Ihre Chance auf Erfolg schon bevor Sie überhaupt beginnen.

Machen Sie sich noch einmal klar: Es passiert nichts Schlimmes. Ganz im Gegenteil, Sie sind gerade dabei, einen immer größer werdenden dunklen Schatten loszuwerden, der Ihre Lebensqualität jahrelang beeinträchtigt hat. Das Schlimmste, was Ihnen passieren kann, ist, daß Sie es nicht schaffen. In diesem Fall wären Sie dann nicht schlechter dran als vorher. Sie haben also nichts zu verlieren, eine großartige Voraussetzung. Auf der anderen Seite haben Sie jedoch sehr viel zu gewinnen.

Eine Frau, die mit meiner Methode erfolgreich war, erzählte, sie sei so begeistert gewesen, daß sich ihr ganzer Freundeskreis alle Einzelheiten anhören mußte. Man warf ihr vor, sie sei jetzt ein »wiedergeborener Moralapostel« geworden. Ich lasse mich nicht gern als Moralapostel bezeichnen. Aber wiedergeboren ist ein treffender Ausdruck, der haargenau dieses wunderbare Gefühl beschreibt, aus einem Gefängnis ausgebrochen zu sein; das Gefühl, aus einer Welt der Dunkelheit, der Angst, der Unwissenheit und Selbstverachtung in eine Welt der Gesundheit, der Sonne und der Selbstachtung gekommen zu sein. Genau so habe ich mich gefühlt, als ich erkannte, daß ich den Schlüssel gefunden hatte, aus diesem fetten Mann auszubrechen, der mich so viele Jahre lang gefangengehalten hatte.

Hören wir aber damit auf, an die Möglichkeit eines Mißerfolgs auch nur zu denken. Sie lesen das Buch nicht, um Mißerfolg zu haben! Und ALLEN CARR'S EASYWAY® wird auch bei Ihnen funktionieren, vorausgesetzt, Sie befolgen *alle* Anweisungen, einschließlich der dritten:

Beginnen Sie mit einem Gefühl der Freude und Spannung!

Um Ihnen bei dieser Anweisung zu helfen, will ich zwei grundlegende Vergleiche anstellen. Den ersten habe ich bereits erwähnt – den mit wildlebenden Tieren. Sie besitzen das

Geheimnis. Aber der zweite Vergleich wird Ihnen helfen, das Geheimnis zu verstehen. Er bezieht sich auf das Auto. Sicherlich wundern Sie sich, was das Auto mit unserem Gewichtsproblem zu tun hat, abgesehen davon, daß es bestimmt helfen würde, wenn man weniger mit dem Auto fahren würde und statt dessen zu Fuß ginge.

Tatsache ist, daß das Auto und unser Körper viel gemeinsam haben. Beide sind »Vehikel«, die dazu dienen, uns fortzubewegen. Für beide gibt es ähnliche Grundanforderungen, damit sie richtig funktionieren. Keines von beiden kann ohne die regelmäßige Zufuhr von Kraftstoff und Luft arbeiten. Beide brauchen regelmäßige Wartung, um effektiv zu funktionieren und nicht kaputtzugehen.

Es gibt jedoch zwei wesentliche Unterschiede zwischen dem Auto und unserem Körper, und es ist sehr wichtig, daß wir uns dieser Unterschiede bewußt sind. Vielleicht argwöhnen Sie jetzt, sowohl das Wissen eines Automechanikers als auch das eines Arztes über die jeweiligen Funktionsweisen zu brauchen, um dem Text folgen zu können. Ich versichere Ihnen, das brauchen Sie nicht. Als jemand, der immer noch seinen Enkelsohn fragen muß, wie man den Videorecorder zur Aufzeichnung eines Fernsehfilms bedient, habe ich bereits betont, daß ich Fachjargon als verwirrend, langweilig und ablenkend empfinde. Ich verspreche Ihnen, selbst wenn Sie noch nie ein Auto gefahren oder besessen haben, werden Sie keine Probleme haben, meinen Argumenten zu folgen oder sie zu verstehen.

Der erste wichtige Unterschied zwischen einem Auto und unserem Körper ist der Unterschied des Entwicklungsgrades. Der menschliche Körper ist die am weitesten entwickelte Maschine auf diesem Planeten – millionenfach komplizierter als das komplizierteste von Menschenhand gebaute Raumschiff. Im Vergleich mit dem menschlichen Körper ist ein Auto etwa so entwickelt wie ein Rechenschieber im Vergleich zu einem hochmodernen Computer. Selbst wenn Sie sich strikt an die Gebrauchsanweisung halten, hält ein Durchschnittsauto, wenn überhaupt, 15 Jahre, wohingegen Ihr Herz über Jahrzehnte nonstop Blut durch Ihren Körper pumpt, ohne auch nur einen Schlag auszusetzen – all das der Tatsache zum Trotz, daß es regelmäßig mißhandelt wird.

Weil der menschliche Körper so komplex ist und wir über seine genaue Funktionsweise nicht so genau Bescheid wissen, neigen wir dazu, alles als selbstverständlich anzusehen. Aber es ist absolut wichtig, daß wir die volle Komplexität dieser

unglaublichen Maschine

erkennen.

6
Die unglaubliche Maschine

Wenn ich Sie bitte, die linke Hand zu heben, dann überlegen Sie vielleicht kurz, welche Hand die linke ist, aber kaum jemand würde das als eine besonders komplizierte Sache ansehen. Tatsache ist, daß Sie die meisten Hunde so dressieren können, daß sie das tun. Stellen Sie sich aber einmal vor, Sie müßten jeden der Milliarden von Menschen dieser Erde dazu bringen, gleichzeitig die linke Hand zu heben. Selbst mit Hilfe der modernen Kommunikation wäre diese Aufgabe so gut wie unmöglich. Und doch ist eine ähnliche Koordinationsleistung nötig, um die einfachsten Dinge zu tun, sich z. B. ganz unbewußt die Nase zu reiben.

Ihr Körper besteht aus Milliarden und Abermilliarden von Zellen, jede davon ist eine separate Einheit, und doch arbeiten alle ihr gesamtes Leben lang perfekt zusammen. Glauben Sie, Sie könnten einen Apfel schälen, Zeitung lesen, Karten spielen und telefonieren? Natürlich können Sie das – keine dieser Aufgaben ist besonders kompliziert. Aber würden Sie nur eine davon richtig machen, wenn Sie alles gleichzeitig erledigen müßten? Die Milliarden von Zellen, aus denen Ihr Körper besteht, führen nicht nur eine einfache Aufgabe aus, sondern Dutzende unglaublich komplizierter Aufgaben gleichzeitig ein ganzes Leben lang.

Egal, ob Sie wach sind oder schlafen, Ihre Lungen atmen weiterhin Sauerstoff ein, Ihr Herz schlägt weiter und pumpt lebenswichtige Stoffe durch den Blutkreislauf an die Stellen im Körper, wo sie benötigt werden. Ihr innerer Thermostat hält die Körpertemperatur genau auf dem richtigen Niveau. Ihr Körper verdaut Nahrung, holt sich die notwendigen Kraft- und Nährstoffe und verarbeitet die Abfallprodukte. Ihr Immunsystem ist ständig mit dem Kampf gegen Infektionen und Erkrankungen beschäftigt.

Das Problem ist, daß wir diese Funktionen als selbstverständlich ansehen, weil sie automatisch ablaufen und keinerlei bewußte Anstrengung unsererseits erfordern. Obwohl es nicht nötig ist, die fachlichen Details zu verstehen, ist es aber wichtig, daß Sie sich der unglaublichen Komplexität des menschlichen Körpers bewußt sind. Und es ist noch wichtiger, daß Sie den zweiten wichtigen Unterschied zwischen dem Auto und dem menschlichen Körper verstehen:

Die Menschheit hat das Auto geschaffen – aber nicht sich selbst!

Sie fragen sich wahrscheinlich, was das nun wieder mit Gewichtskontrolle zu tun hat. Aber das ist die absolute Grundlage von ALLEN CARR'S EASYWAY®. Ich betone die Wichtigkeit, geistig offen und unvoreingenommen zu bleiben. ALLEN CARR'S EASYWAY® ist der Schlüssel zur Lösung Ihres Gewichtsproblems, und der Schlüssel zum Verständnis von ALLEN CARR'S EASYWAY® ist es, die Wichtigkeit der nächsten drei Kapitel zu begreifen.

Der Mensch hat das Auto erfunden, und somit kann er als der absolute Experte betrachtet werden, wenn es darum geht, welcher Kraftstoff oder welche Betriebsmittel für jedes einzelne Modell erforderlich sind. Das bedeutet jetzt nicht, daß Sie ein Experte für Autos sein müssen, genausowenig, wie wir Elektriker sein müssen, um das Licht einzuschalten. Der richtige Experte gibt eine Gebrauchsanweisung aus, und wir müssen uns lediglich an diese Anweisungen halten.

Aber die Menschen haben sich nicht selbst geschaffen. Und sie haben auch kein anderes Lebewesen auf diesem Planeten geschaffen. Wenn sich die Menschheit nicht selbst geschaffen hat, dann hat das Gott oder eine andere Intelligenz getan. Der Einfachheit halber nenne ich diese Intelligenz den Schöpfer bzw. die Natur.

Ich persönlich fand die Vorstellung sehr schwierig, daß der Schöpfer ein alter Mann mit einem langen weißen Bart ist, der mich ständig beobachtet und beurteilt. Ich fand es auch immer schwer zu glauben, daß er möchte, daß ich ihn verehre oder anbete. Die Tatsache, daß ich vom Schöpfer in der maskulinen Form spreche, könnte vermuten lassen, daß ich ihn mir in menschlicher Gestalt und männlichen Geschlechts vorstelle. Ich verwende deshalb die männliche Form, weil ich nicht wüßte, wie ich den Schöpfer anders bezeichnen sollte.

Eines ist jedoch völlig klar: Nämlich, daß der Schöpfer millionenfach intelligenter ist als die Menschheit.

Woher bekommen wir unsere Informationen darüber, was wir essen sollen und wann? Wie alle Säugetiere sind wir als Neugeborene entweder abhängig von der Mutterbrust oder ersatzweise von der vom Menschen erfundenen Babyflasche. Wenn wir dann nicht mehr gestillt werden, entscheidet das soziale Umfeld, was wir essen, ganz besonders unsere Eltern. Und woher wissen unsere Eltern, welche Nahrung für uns die beste ist? Woher bekommen sie ihr Wissen? Aus einer Vielzahl von Quellen – von ihren eigenen Eltern, von Ärzten und Ernährungsspezialisten, aber hauptsächlich von der massiven Werbung und Gehirnwäsche durch Großkonzerne.

Wäre es nicht schön, wenn uns der Schöpfer mit einem Handbuch ausgestattet hätte, damit wir genau wissen, was wir wann essen sollen? Damit wir nicht diese widersprüchlichen Informationsfluten verarbeiten müssen, die wir von menschlichen *Experten* bekommen? Ich habe sehr gute Nachrichten für Sie:

Genau das hat der Schöpfer getan!

Vielleicht fällt es Ihnen schwer, das zu glauben, aber meinen Sie wirklich, daß eine Intelligenz, die ein so komplexes Objekt wie den menschlichen Körper schaffen kann, dumm genug wäre, die so wichtige »Kleinigkeit« einer Anleitung zu übersehen, die uns genau sagt, was wir essen sollen, wieviel wir essen sollen und wann?

Wie glauben Sie haben wildlebende Tiere Millionen von Jahren überlebt? Und wenn wir schon dabei sind: Wie glauben Sie haben unsere Vorfahren ohne Supermärkte und Mikrowelle überlebt, ohne Ärzte und Ernährungsfachleute? Wir haben erst in den letzten 100 Jahren erkannt, daß solche Dinge wie Kalorien und Vitamine überhaupt existieren.

Der Schöpfer hat alle Lebewesen, einschließlich uns Menschen, mit einer Gebrauchsanweisung ausgerüstet. Wildlebende Tiere befolgen sie! Deshalb haben sie auch keine Gewichtsprobleme.

Vielleicht unterliegen Sie der gleichen Täuschung wie ich. Als ich jung war, zweifelte ich ernsthaft an der Existenz eines Schöpfers. Ich glaube, ich hatte das gleiche Problem wie Millionen andere Menschen in der westlichen Gesellschaft. Mein Leben begann mit einer offenen geistigen Einstellung. Man erzählte mir von Feen, dem Christkind und Gott – einem alten Mann mit einem langen weißen Bart, der uns erschaffen hat, uns beschützt und alles sieht und weiß, was wir tun und denken, und der schließlich über uns richtet.

Es dauerte nicht lange, bis ich merkte, daß Feen und das Christkind Mythen sind. Und da fing ich an, ernsthafte Zweifel an der Existenz Gottes zu haben. Schließlich hatte ich gelernt, daß man auch nicht alles glauben kann, was über Ereignisse vom Vortag in den Zeitungen steht. Wie könnte ich dann glauben, was über Geschehnisse geschrieben wurde, die vor 2000 Jahren passiert sind? Ganz besonders, wenn das

Buch aus alten Sprachen übersetzt wurde. Ich war sehr verwirrt, und es gab so viele Widersprüche. Wenn jemand auf wundersame Weise vor dem Ertrinken gerettet wird, heißt es, Gott sei Dank! Aber warum läßt Gott Erdbeben zu? Dann heißt es: Wer sind wir, daß wir die Wege des Allmächtigen beurteilen? Wir müssen ihm vertrauen! Das konnte ich nicht akzeptieren. Ich dachte – wenn Gott den Dank für alle guten Dinge bekommt, dann ist es nur recht und billig, daß er auch die Schuld für alle schlechten bekommen sollte.

Wenn Gott alles geschaffen hat, dann hat er auch die Hölle geschaffen. Und warum sollte so ein guter und alles vergebender Gott so etwas tun? Wenn er uns erschaffen hat, warum hat er uns dann nicht alle als Nicht-Sünder geschaffen? Wenn ein Arbeiter sein Werkzeug für seine schlechte Arbeit verantwortlich macht, was ist dann erst von jemandem zu halten, der weder sich selbst noch sein Werkzeug, sondern das Objekt, das er geschaffen hat, verantwortlich macht? Wie könnte man von einem Kind erwarten, daß es glaubt oder sogar versteht, daß es die Ewigkeit in der Hölle verbringen muß, nur weil Gott seine Schöpfung verpfuscht hat?

Mein jugendlicher Verstand konnte diese Dinge nicht akzeptieren. Und am meisten verwirrten mich die kategorischen Feststellungen der Pfarrer darüber, was Gott denkt und was er von uns erwartet – als ob sie in direktem Kontakt zu ihm stünden. Und wenn sie mit ihm in direktem Kontakt standen, warum haben sie ihn dann nicht nach den Gründen für die Erdbeben gefragt?

Ich stellte unermüdlich Fragen, aber die Antworten waren nie zufriedenstellend. Aber der Hauptgrund, der es für mich unmöglich machte, an Gott zu glauben, war, daß zwar die Pfarrer mit absoluter Überzeugung sprachen, es aber so viele Religionen und Glaubensrichtungen gab, und alle waren gleichermaßen davon überzeugt, recht zu haben. Wenn es Tausende verschiedener Religionen und Glaubensrichtungen gibt über Gott und die Schöpfung, dann müssen doch alle bis auf eine falsch sein. Und es gab keinen Beweis dafür, daß der Glaube, mit dem ich aufwuchs, der richtige war. Ganz im Gegenteil, mir wurde gesagt, ich solle vertrauen. Wenn bewiesen würde, daß alle Glaubensrichtungen bis auf eine falsch seien, und es auch keinen Beweis dafür gäbe, daß die übrige richtig ist, dann ist es mathematisch wahrscheinlich, daß sie alle falsch sind.

Ich verlor also nicht nur den Glauben an Gott selbst, sondern nahm an, daß jeder andere die gleichen Zweifel und Unsicherheiten haben mußte wie ich – selbst die Pfarrer, die so autoritär und sicher klangen. Denn schließlich müßten die Widersprüche und Unsicherheiten für sie genauso offensichtlich sein wie für mich. Der richtige Beweis war für mich allerdings die Überlegung: Wenn Sie gerade eine Sünde begehen wollten, würden Sie sie wirklich begehen, wenn Sie sicher wären, daß Gott Ihnen zusieht? Vielleicht denken Sie, daß Sie das tun würden. Aber glauben Sie, ein Dieb würde stehlen, wenn er gerade von einem Polizisten beobachtet wird? Natürlich nicht. Würden die Menschen wirklich glauben, daß der Herr alles sieht und weiß und daß es einen Tag des Jüngsten Gerichts gibt, dann würde niemand eine Sünde begehen.

Dann las ich über Darwin, den Ursprung der Arten und die Urknall-Theorie; das alles ergibt so viel Sinn. Meine Zweifel und die Verwirrung waren über Nacht verschwunden. Es gab keinen Gott. Aus dem Urschlamm, der vom Urknall übrigblieb, tauchten auf wundersame Weise einfache, einzellige amöbenähnliche Lebewesen auf und entwickelten sich durch die Evolution und natürliche Auslese nach drei Milliarden Jahren zu der unglaublichen Komplexität des menschlichen Körpers.

Damals sah ich diesen Moment als einen Moment der brillanten Erleuchtung an. In Wirklichkeit war dies der Zeitpunkt, wo ich meine geistige Offenheit verlor – und das blieb so für den größten Teil meines Lebens. Genauso wie viele ihren Geist vor den vielfachen Widersprüchen religiöser Lehren verschließen, weil sie nur schwer akzeptieren können, daß es keinen Gott gibt, so hielt ich fest an den Begriffen der Evolution und natürlichen Auslese, da ich nicht an einen Gott glauben konnte.

Ich habe das Thema Religion aufgeworfen. Meine Freunde haben mir geraten, das nicht zu tun, um die Leser nicht zu befremden. Ich verstehe den Grund für ihren Rat völlig. Um skeptischen Einwänden vorzubeugen: Ich sage nicht, wir sollen dem Schöpfer vertrauen, und will Sie auch nicht zum Abnehmen überreden, weil der Schöpfer uns dünn und gesund haben wollte. Lassen Sie mich das ganz klarstellen. Ich werde Sie nicht bitten, blind zu vertrauen, sondern Sie sollen sich nur auf unstrittige Tatsachen verlassen – Tatsachen, die offensichtlich sind, ob Sie nun an den Schöpfer glauben oder nicht. Vielleicht befürchten diejenigen unter Ihnen, die an den Allmächtigen glauben, daß ich ihren Glauben in Frage stelle oder das bereits getan habe. Nichts läge der Wahrheit ferner.

Wurde das Universum von einer Intelligenz geschaffen, die wir Gott nennen, oder war es einfach nur Zufall? Manche Menschen sehen die Evolution und natürliche Auslese als Alternative zur Schöpfungstheorie an, genauso wie ich das einmal tat. Wie konnte ich nur so dumm sein? Lange Jahre war ich stolz auf meinen logischen, analytischen Verstand eines Wirtschaftsprüfers. In Wahrheit stellt der Verstand eine ziemlich starre Begrenzung dar. Ich lehnte den Glauben an den Schöpfer ab, weil ich festgestellt hatte, daß ich mich nicht einfach nur auf den Glauben verlassen konnte – ich brauchte Beweise. Wie konnte ich so blind sein, wo ich doch mein Leben lang von Beweisen umgeben war?

Stellen Sie sich vor, Sie wären der erste Mensch auf dem Mond. Und dort läge zwischen Staub und Gestein ein glitzernder Diamantring. Würden Sie sich denken: Was für ein

Zufall, daß sich ein Diamantring aus diesem Chaos gebildet hat! Oder würden Sie sich denken: Wie um alles in der Welt kommt ein Diamantring hierher? Ein Diamantring ist nicht gerade ein besonders kompliziertes Objekt. Es sprengt nicht die Grenzen unserer Vorstellungskraft, daß sich ein diamantener Ring auf natürliche Weise gebildet haben könnte.

Stünde jedoch ein nagelneuer Rolls Royce allein in der Mondwüste, würden Sie auch nur eine einzige Sekunde daran zweifeln, daß er von einem intelligenten Schöpfer geschaffen wurde? Oder könnten Sie sich wirklich vorstellen, daß so ein hochentwickeltes und kompliziertes Objekt wie ein Rolls Royce einfach zufällig entstanden ist? Nur ein völliger Narr würde zu so einer Schlußfolgerung kommen.

Wenn Sie also nur schwer nachvollziehen können, daß ein Rolls Royce auf dem Mond eher das Produkt reinen Zufalls als einer intelligenten Schöpfung ist, wieviel schwerer ist es dann zu glauben, daß eine Maschine, die millionenfach komplexer ist als ein Rolls Royce, einfach nur zufällig entstanden sein könnte?

Heute sehe ich keinen Widerspruch. Der hypothetische Rolls Royce auf dem Mond würde auf alle Fälle einem Schöpfer zugeschrieben werden. Die menschliche Rasse existiert, und die mathematische Wahrscheinlichkeit, daß wir nur zufällig entstanden sind, ist mehrere Milliarden zu eins. Deshalb ist es vernünftig anzunehmen, daß wir erschaffen wurden.

Die Evolution und natürliche Auslese sind unbestrittene Tatsachen. Aber sie widersprechen nicht der Theorie, daß wir das Ergebnis einer Schöpfung sind. Der Rolls Royce wurde nicht über Nacht durch den Schwung eines Zauberstabs geschaffen. Es hat Jahrtausende angewandter Intelligenz und empirischer Versuche erfordert, um von der Entdeckung des Rades zum modernen Rolls Royce zu kommen. Und wenn man darüber nachdenkt, ist die Entwicklung des menschlichen Körpers aus relativ einfachen einzelligen Lebewesen ein beinahe identischer Prozeß. Und genauso wie das Rad in Tausende verschiedene Maschinen weiterentwickelt wurde, so hat auch der Vorgang der Evolution und der natürlichen Auslese eine Vielzahl von verschiedenen Lebewesen hervorgebracht.

Evolution und natürliche Auslese sind nicht einfach nur Zufall, es sind offensichtliche Prozesse, die vom Schöpfer zur Verbesserung seines Produkts verwendet wurden.

Weiterhin gibt es noch einen schwerwiegenden Fehler in der Theorie, daß Evolution und natürliche Auslese verantwortlich seien für die unglaubliche Komplexität des menschlichen Körpers. Die Theorie basiert auf der Tatsache, daß der menschliche Körper aus einer relativ einfachen, einzelligen Struktur, wie z. B. Amöben, entstanden ist. Ohne Zweifel kann im Vergleich mit der Komplexität des menschlichen Körpers eine Amöbe als einigermaßen einfach strukturiert bezeichnet werden. Aber wir sollten die Dinge im richtigen Zusammenhang sehen. An einer Zelle ist nichts *Einfaches*. Tatsache ist, daß die Menschheit mit all ihrem Wissen und ihrer Technik nicht eine einzige lebende Zelle erschaffen kann. Denken Sie nur an die immense Kraft, die durch Atomspaltung erzeugt wird. Eine einzelne Zelle ist nicht nur millionenfach komplexer als das höchstentwickelte Raumschiff, sondern Wissenschaftler behaupten sogar, daß in einer einzigen Zelle des menschlichen Körpers mehr Intelligenz steckt, als das gesamte Wissen der Menschheit ausmacht. Wie die moderne Forschung herausgefunden hat, beinhaltet eine einzige Zelle Milliarden von Einzelteilen. Wer könnte schon sagen, ob nicht jedes dieser Einzelteile wieder aus 50 Milliarden Einzelteilen besteht?

Eine Zelle besteht hauptsächlich aus Raum mit Protonen, Neutronen und Elektronen, die um einen Atomkern kreisen wie Planeten um einen Stern. Sind Sterne nur die Zellen, die eine Galaxie ausmachen? Sind Galaxien die Zellen, die das

Universum ausmachen? Ist das Universum selbst nur eine Zelle einer noch größeren Lebensform, und ist diese Lebensform selbst wieder nur eine Zelle einer noch größeren Lebensform?

Es gab eine Zeit, in der solche Gedanken nicht nur für spekulativ, sondern für phantastisch gehalten wurden. Wissenschaftliche Erkenntnisse über die Struktur von Materie beweisen, daß Materie hauptsächlich aus Raum besteht, in dem mehrere kleinere Teile ein Zentrum umkreisen, egal ob das Hauptobjekt nun kleiner oder größer wird. Wäre es nicht ziemlich naiv zu glauben, daß die bewiesene Struktur von Materie sich ändern würde, wenn sie kleiner oder größer würde?

Was hat das nun alles mit Ihrem Gewicht zu tun? Während all der Jahre, in denen ich nicht an die Existenz eines Schöpfers glaubte, an wen habe ich mich da gewandt, um Schutz, Anleitung und Fachwissen zu bekommen? An die intelligenteste Spezies auf diesem Planeten: die Mitmenschen. Oder um es genauer zu sagen – die wissenschaftliche, fachkundige, gebildete, professionelle und technisch fortgeschrittene Menschheit wurde mein Gott. Ich lehnte die Argumente der Pfarrer ab, weil sie so kategorisch und doch so widersprüchlich und offensichtlich fehlerhaft waren. Der große Fehler, den ich machte, war der, daß ich auch die Vorstellung von einem Schöpfer ablehnte. Ich hatte das Kind mit dem Bade ausgeschüttet. Mir kam niemals in den Sinn, daß es nicht die Schöpfungstheorie ist, die falsch ist, sondern nur ihre Auslegung durch selbsternannte »Insider«.

Ich versuche, folgenden wichtigen Punkt klarzustellen: Viele Leute glauben, daß die menschliche Rasse das Ergebnis puren Zufalls ist. Weit mehr Leute glauben, daß wir das Produkt eines Schöpfers sind, haben aber viele ernsthafte Zweifel über Form und Motive des Schöpfers. Andere haben kaum Zweifel. Aber selbst die frömmsten Gläubigen können nicht mit ihm telefonieren und ihn fragen, welche Nahrung er empfiehlt. Gleichzeitig hat sich die Menschheit gegenüber ihren natürlichen Feinden so weit entwickelt und einen unglaublichen technischen Fortschritt erzielt. Überrascht es da wirklich, daß wir Rat bei menschlichen Experten suchen? Welche Wahl haben wir denn sonst?

Glücklicherweise haben wir eine Wahl. Wir können die Gebrauchsanleitung der Natur befolgen, genauso wie wildlebende Tiere. Vielleicht denken Sie jetzt, daß ich mir selbst widerspreche. Wie kann ich zuerst über die immense Überlegenheit der menschlichen Spezies sprechen und dann im gleichen Atemzug andeuten, daß wir noch viel von wildlebenden Tieren lernen können? Ich deute das auch nicht nur an, ich stelle das kategorisch fest. Dadurch, daß wir die am weitesten entwickelten Lebewesen sind und so viele Menschen glauben, daß wir keine direkte Verbindung zu unserem Schöpfer haben, sind wir arrogant geworden und neigen dazu, die Menschen selbst als »Gott« zu sehen – oder vielmehr den wissenschaftlichen, fachkundigen, gebildeten, professionellen und technisch fortgeschrittenen Teil der Menschheit.

Vielleicht sind wir arrogant geworden, aber was ist falsch daran, mit Hilfe unserer Intelligenz die Natur zu verbessern, um unsere Überlegenheit anderen Lebewesen gegenüber zu erhalten? Genau das ist der Punkt. Ich glaube, daß wir das nicht mehr tun. Ganz im Gegenteil, wir verhalten uns in so vielen Fällen, einschließlich unserer Eßgewohnheiten, im direkten Widerspruch zur Natur. Wir müssen den Rat unserer sogenannten Experten einmal in Frage stellen. Schauen wir uns doch ein paar große Errungenschaften an von

den intelligentesten Lebewesen auf diesem Planeten.

7
Die intelligentesten Lebewesen auf diesem Planeten

Wir können Bomben bauen, die den Planeten Erde mehrfach zerstören. Welche Rechtfertigung hatten wir zum Bau dieser Bomben? Um Krieg unmöglich zu machen! Also sind Vietnam, Korea, die Falkland-Inseln, der Golfkrieg, Jugoslawien etc. wahrscheinlich nur Einbildung. Wir konnten die Bomben nicht zum Vermeiden dieser Kriege verwenden, denn die Bomben hätten nicht nur uns selbst, sondern alles Leben auf der Erde zerstört. Wir haben eine Weltuntergangsbombe gebaut, die ihre einzige Funktion nicht erfüllt hat. Was ist intelligent daran, eine Bombe zu bauen, die zu verwenden wir nicht wagen? Die Bombe hat keine Probleme gelöst, sie hat ein riesiges Problem erzeugt. Selbst wenn wir alle vorhandenen Waffen vernichten, wie könnten wir das Wissen, wie man sie baut, aus der Welt schaffen und damit dessen Verbreitung verhindern? Wären wir wahrhaft zivilisiert und intelligent, hätten wir dann nicht eine einfachere Methode zur Vermeidung von Krieg erfunden, als unsere Erde zu zerstören?

Lassen Sie uns einige der anderen großen Errungenschaften der Menschheit anschauen – weltweite Umweltverschmutzung großen Ausmaßes, Zerstörung der natürlichen Umwelt, Raubbau an den mineralischen und chemischen Ressourcen der Erde, Überbevölkerung, Überfischung der Ozeane, Verwandlung fruchtbaren Landes in Wüste, Arbeitslosigkeit, Drogen und Gewalt.

Wie oft hat man nicht von Fußballrowdies gehört, daß sie sich »wie Tiere« verhalten? So sieht also unser verzerrtes Bild vom zivilisierten Menschen im Vergleich zu wildlebenden Tieren aus. Tiere verhalten sich nicht so. Sie töten nur, um zu überleben, und selbst dann töten sie nur selten ihre eigenen Artgenossen.

Vielleicht haben Sie schon mal gehört, daß Füchse alle Küken im Hühnerstall töten. Dabei ist es nicht der Fuchs, der die Naturgesetze überschreitet, es ist der Mensch. Er plaziert die natürliche Beute des Fuchses in unnatürlicher Umgebung. Selbst wenn der Fuchs in der Wildnis das Glück hätte, auf eine ganze Hühnerschar zu treffen, wäre er nicht fähig, mehr als eines davon zu erbeuten. Der Mensch präsentiert die Beute ohne jegliche Fluchtmöglichkeit. Stellen Sie sich einen Fuchs in einer solchen Umgebung vor. Alles, was er will, ist, sich ein Huhn zu schnappen und sich leise und unbemerkt davonzustehlen, und plötzlich bricht die Hölle los. Obwohl der Fuchs vielleicht alle tötet, frißt er doch nicht alle! Es ist nur der intelligente, zivilisierte Mensch, der sich gegenseitig ohne logischen Grund umbringt und verstümmelt.

Überlegen Sie – es hat drei Milliarden Jahre gedauert, bis wir den heutigen Stand erreicht haben, aber unsere Technologie hat sich erst in den letzten hundert Jahren explosionsartig auf ihr aktuelles Niveau entwickelt. Wenn man in ferner Zukunft einmal die Möglichkeit hat, auf diese Jahre zurückzublicken und sie aus der richtigen Perspektive zu sehen, was glauben Sie, werden die wirklich bezeichnenden Faktoren sein? Die Erfindung der Verbrennungsmotoren, Computer oder das Fernsehen? Der erste Mensch auf dem Mond? Oder glauben Sie, daß der bezeichnendste Faktor sein wird, daß die menschliche Rasse es in weniger als hundert Jahren geschafft hat, eine Vielzahl von Möglichkeiten zu erfinden, das zu zerstören, was sich in drei Milliarden Jahren entwickelt hat? Und das, obwohl sich die meisten Menschen dieser Gefahren bewußt sind, aber es bis heute noch niemand geschafft hat, auch nur eine der Möglichkeiten auszuschalten?

Vielleicht haben Sie das Gefühl, daß ich nur die eine Seite der Münze betrachte. Natürlich kann ich die großen Fortschritte nicht leugnen, die die Menschheit auf dem Gebiet der Medizin erzielt hat. Das tue ich auch nicht. Ich glaube sogar, gerade weil die Fortschritte so spektakulär sind, wurden wir blind gegenüber der Tatsache, daß die Krankheiten, die wir zu heilen versuchen, ein Ergebnis der Zivilisation sind. Ebenso wie Lennie in John Steinbecks Klassiker *Von Mäusen und Menschen*: Er war so dankbar, daß George ihn vor dem Ertrinken gerettet hatte, daß er vergaß, daß es George war, der ihn hineingestoßen hatte.

Wenn wir so intelligent sind, warum sind wir dann, neben einigen von uns domestizierten Tieren, die einzige Spezies, die in erster Linie an Krankheit oder durch Aggression der eigenen Artgenossen stirbt? Wilde Tiere sterben nur selten an Krankheiten, vorausgesetzt, diese Krankheiten sind nicht durch die Umweltverschmutzung der Menschheit entstanden. Wildlebende Tiere sterben entweder durch Unfälle, Verhungern oder weil sie von uns oder anderen Lebewesen gefressen werden.

Unser Wissen über den menschlichen Körper hat sich in den letzten hundert Jahren unglaublich gesteigert. Wir können Organe transplantieren und mit der Gentechnik irrwitzige Ergebnisse erzielen. Aber selbst die größten Kapazitäten geben zu, daß durch den größeren Einblick in die Funktionsweise des menschlichen Körpers nur klar wird, wie wenig wir eigentlich über diese unglaubliche Maschine wissen. Nur zu oft hat sich gezeigt, daß unser begrenztes Wissen langfristig mehr Probleme erzeugt als gelöst hat.

Woran liegt es, daß meine Katze ohne jegliche Nebenwirkungen das Wasser aus meinem Fischteich trinken kann, aber ich Montezumas Rache schon spüre, wenn ich im Urlaub nur

Eis in meinen Drink gebe? Warum können wildlebende Tiere innerhalb von Stunden nach ihrer Geburt nicht nur stehen, sondern sogar schon laufen, während der Mensch monatelang dazu nicht fähig ist?

Ein großer Teil der modernen Medizin ist auf das Finden einer Zauberpille konzentriert, um ein Symptom abzustellen. Ich habe jahrelang an Verstopfung gelitten; das war nichts Besonderes für mich. Durch Gehirnwäsche glauben wir von klein auf, daß Krankheiten natürliche Funktionen sind. Man muß damit rechnen, Windpocken, Masern, Keuchhusten, Erkältungen, Grippe, Verdauungsstörungen, Verstopfung, Durchfall usw. zu bekommen. Das ist ganz normal. Der Doktor verschreibt dann zur Heilung eine Pille oder eine Medizin. In meinem Fall verschrieb der Arzt ein Abführmittel, und nach ein paar Tagen war mein Verstopfungsproblem gelöst.

Glauben Sie aber nun wirklich, daß eine so unglaublich hoch entwickelte Einheit wie der menschliche Körper darauf ausgelegt ist, Verstopfung zu bekommen? Denken Sie an die Komplexität dieser Milliarden und Abermilliarden von Zellen! Wurden sie so geschaffen, daß sie bösartig werden? Warum sagt mir mein Arzt nicht, daß meine Verstopfung davon kommen könnte, daß ich die falsche Nahrung zu mir nehme?

Jegliche anderen Probleme in unserem Leben lösen wir normalerweise dadurch, daß wir eher die Ursache als das Symptom beseitigen. Wenn Ihr Dach leckt, stellen Sie dann für den Rest Ihres Lebens einen Topf auf, um die Tropfen aufzufangen, oder ersetzen Sie den defekten Dachziegel? Vielleicht ist dieses Beispiel zu eindeutig, und vielleicht ist das auch der Grund für unsere unlogische Einstellung zur Medizin – der menschliche Körper ist so komplex, daß sogar Ärzte, die viel mehr über ihn wissen, auch nicht effizienter sind als wenn man sein Haustier den Computer reparieren ließe.

Wenn das Lämpchen zur Ölkontrolle in Ihrem Auto aufleuchtet, lösen Sie das Problem dann dadurch, daß Sie das Lämpchen herausdrehen? Das wäre nicht nur idiotisch, sondern auch verheerend. Natürlich geht der Motor nicht sofort kaputt, aber das rote Warnlämpchen war kein Defekt. Ganz im Gegenteil, es war eine hilfreiche Warnung, daß etwas nicht stimmt. Wir halten Schmerzen, Kopfweh, Husten, Fieber oder Übelkeit und Müdigkeit für eigenständige Krankheiten. Das sind sie aber nicht. Wie das rote Warnlämpchen sind sie einfach nur Symptome – Warnungen, daß etwas mit Ihrem Körper nicht stimmt. Die moderne Medizin ist überwiegend damit beschäftigt, eine Zauberpille oder Behandlung zu finden, um Symptome zu beseitigen. Aber die Symptome sind nicht die Krankheit. Ganz im Gegenteil, sie sind die roten Warnlichter, daß etwas nicht stimmt. Oft ist es sogar so, daß das Symptom nicht nur die Warnung, sondern gleichzeitig auch ein Teil der Heilung ist, wie z. B. Husten oder Erbrechen. Husten ist die sichere Methode der Natur, Fremdstoffe aus der Lunge zu katapultieren, und Erbrechen ist die natürliche Methode, Gifte schnellstmöglich aus dem Magen zu befördern.

In vielen Fällen macht die Symptombehandlung der Ärzte das Problem sogar noch schlimmer. Viele Ärzte erkennen, daß Medikamente wie Valium oder Librium sowohl Probleme lösen als auch auslösen können. Diese Medikamente haben eine ähnliche Wirkung wie Alkohol – sie lenken die Gedanken vom Problem ab, aber lösen es nicht. Und wenn dann die Wirkung des Medikaments nachläßt, dann braucht man die nächste Dosis. Medikamente sind selbst Gifte und können sowohl physische als auch psychische Nebenwirkungen haben. Der Körper wird allmählich gegen das Medikament immun. Der Patient hat dann nach wie vor sein ursprüngliches Problem, kann aber zusätzlich noch psychischen und physischen Streß dazubekommen, weil er von einem Medikament abhängig ist.

Schließlich wird der Körper so immun gegen das Medikament, daß der Patient nicht einmal mehr die Illusion einer Erleichterung hat. Leider ist die Lösung in den meisten Fällen nur, entweder die Dosierung des Medikaments oder die Einnahmefrequenz zu erhöhen oder den Patienten auf ein noch wirksameres Medikament mit noch stärkeren Nebenwirkungen umzustellen. Das Ganze ist dann wie eine immer schnellere Strudelbewegung in den Abgrund.

Viele Ärzte versuchen den Einsatz solcher Medikamente damit zu rechtfertigen, daß sie ihre Patienten vor einem Nervenzusammenbruch bewahren. Aber schon wieder versuchen sie, das Symptom zu beseitigen. Ein Nervenzusammenbruch ist keine Krankheit; ganz im Gegenteil, er ist ein weiteres rotes Warnlicht. Er ist der Weg der Natur, auszudrücken: Ich kann keinen Streß mehr aushalten, kein weiteres Problem oder keine weitere Verantwortung. Mir reicht es. Ich brauche eine Pause. Ich brauche Ruhe!

Warum können Elefanten länger als Menschen leben? Ohne Hilfe von Ärzten, ohne Kleidung oder Schutz und ohne die Fähigkeit, Nahrung zu lagern? Warum können alle anderen Lebewesen auf diese Art und Weise überleben, wie es ja auch der Mensch einmal konnte? Denn Ärzte sind ja eine relativ junge Entwicklung in der Geschichte der Menschheit, und Ernährungsspezialisten sind überhaupt erst in den letzten Jahren aufgekommen. Heute betrachten wir die ärztliche Praxis von vor hundert Jahren als ziemlich barbarisch. Der menschliche Körper ist in Wirklichkeit die effektivste Überlebensmaschine auf der Erde. Jede uns eigene natürliche instinktive Funktion dient dazu, unser Überleben zu sichern, ob wir das wollen oder nicht. Und die stärkste Waffe, die wir gegen Krankheiten haben, ist unser Immunsystem.

Wenn wir die Symptome einer Krankheit wegdoktern, ohne die Ursache zu beseitigen, dann unterbrechen wir auch die Signale an unser Gehirn, die sonst das Immunsystem in Gang gesetzt hätten.

Stellen Sie sich einen Schiffbruch vor. Ein Hubschrauberpilot entdeckt Ihre SOS-Leuchtraketen, löscht sie aus, fliegt zur Basis zurück und denkt sich: wieder ein Problem gelöst. Sie finden das weit hergeholt? Genau das tun wir, wenn wir das Symptom einer Krankheit statt ihrer Ursache beseitigen.

Sie glauben vielleicht, daß ich ein bißchen zu kritisch gegenüber der modernen Zivilisation bin. Würde ich lieber in einer Lehmhütte leben? Nein, das würde ich nicht. Aber ich weiß nicht, ob ich nicht meine verschmutzte Umwelt, den täglichen Stau auf dem Weg zur Arbeit und den ganzen Tag im Büro zu sitzen gegen ein Holzhaus am Ufer eines Sees eintauschen würde, mit klarem blauem Wasser voller Fische und umgeben von unberührter Natur.

Es besteht kein Zweifel an den großen Fortschritten der Menschheit beim Kommunizieren von Wissen und Beschaffen und Lagern von Nahrung. Aber was ist, wenn uns Wissen, das wir kommunizieren, und Nahrung, die wir lagern, schadet? Wenn unsere Zivilisation so erfolgreich ist, warum sind wir dann die einzige Spezies, der das eigene Leben manchmal so elend vorkommt, daß viele Menschen Selbstmord begehen, wo doch der natürliche Instinkt jedes Lebewesens das Überleben ist? Im Tierreich gibt es keinen Selbstmord. Wie steht es mit den Lemmingen, höre ich Sie fragen. Es gibt keinerlei Beweise dafür, daß Lemminge absichtlich über Klippen springen, um Selbstmord zu begehen, genausowenig wie Wale absichtlich stranden. Wir sind auch die einzige Art, die weinen kann.

Der menschliche Körper ist eine unglaubliche Maschine. Aber wie unglaublich sie auch immer sein mag, sie hat einen gravierenden Fehler. Wir müssen den

Fehler in der unglaublichen Maschine

verstehen.

8
Der Fehler in der unglaublichen Maschine

Kein intelligenter Mensch würde bestreiten, daß der Grund für die Überlegenheit des Menschen gegenüber anderen Lebewesen seine Intelligenz ist. Zusätzlich zum Instinkt hat der Mensch die Fähigkeit, sich an gemachte Erfahrungen zu erinnern und gespeichertes Wissen an verschiedene Situationen anzupassen. Diese Fähigkeit und die Kommunikation dieses Wissens nicht nur von einer Generation zur nächsten, sondern von einer Rasse, Kultur oder Sprache zur nächsten, hat dem Menschen einen so großen Vorteil über seine Rivalen verschafft, daß er deshalb glaubt, sein Schicksal selbst steuern zu können.

Der grundlegende Unterschied zwischen Menschen und anderen Lebewesen ist, daß das Leben wildlebender Tiere von ihrem Instinkt dominiert wird. Menschen besitzen auch Instinkte. Wir haben aber den zusätzlichen Vorteil, Intelligenz zu besitzen, und wenn es einmal einen Konflikt zwischen Instinkt und Logik gibt, dann können wir mit unserer überlegenen Intelligenz unsere Instinkte überstimmen.

Und genau das ist der Fehler in der menschlichen Maschine. Das war unser Verderben, und wenn wir nicht schnell aus unseren Fehlern lernen, dann führt das nicht nur zur Vernichtung unserer eigenen Spezies, sondern zur Zerstörung allen Lebens auf der Erde.

Da wir den Grund für unsere instinktiven Handlungen

nicht verstehen und unsere Handlungen auf intelligenten Schlußfolgerungen basieren, finden wir es logisch, unserer Intelligenz den Vorzug zu geben, wann immer Instinkt und Intelligenz im Widerspruch sind.

Ich möchte Ihnen eine Frage stellen. Sie sollen das Ergebnis eines Sportereignisses voraussagen. Sie können sich bei einem von zwei Leuten Rat holen. Der erste ist der intelligenteste Mensch auf diesem Planeten, der bereits Hunderte solcher ähnlichen Voraussagen gemacht hat und in 75 Prozent der Fälle recht hatte. Der zweite ist ein analphabetischer Tölpel, der bereits Millionen solcher Vorhersagen machte und jedesmal recht hatte. Wessen Rat würden Sie suchen?

Wir neigen dazu, Instinkt als etwas Willkürliches zu betrachten. Aber das ist er nicht. Er ist das Ergebnis von drei Milliarden Jahren des Experimentierens – nicht Theoretisierens, sondern tatsächlichen Ausprobierens. Dadurch können Vögel komplizierte Nester bauen und Spinnen kunstvolle Netze. Wußten Sie, daß der Seidenfaden einer Spinne im Verhältnis gesehen stärker und haltbarer ist als alles, was der Mensch geschaffen hat? Der Instinkt ermöglicht es allen Lebewesen, zu brüten, zu füttern und den Unterschied zwischen Nahrung und Gift zu erkennen. Wildlebende Tiere bekommen ihren Nachwuchs ohne den großen Kampf, den wir durchstehen müssen, ohne die Hilfe von Ärzten. Die Tatsache, daß sie nicht lesen und schreiben können oder keinen akademischen Titel haben, beeinflußt sie nicht im geringsten.

Mir ist klar, daß es Menschen gibt, die einen so großen Glauben in den Allmächtigen und/oder in die Fähigkeit und Genialität der Menschheit haben, mit ihren Problemen fertigzuwerden, daß sie glauben, alles ließe sich lösen. Die einzig logische Erklärung für ihren Glauben ist, daß der Mensch schon immer eine Lösung gefunden hat. Ich habe keinen Zweifel daran, daß Dinosaurier gleichermaßen zuversichtlich waren, was ihr Überleben anging.

Selbst wenn Sie nicht an die Existenz eines Schöpfers glauben, aber daran, daß die Menschen die intelligentesten Lebewesen sind, dann wäre es doch immer noch sehr unintelligent, dem gesammelten Wissen und den Erfahrungen der Natur aus über drei Milliarden Jahren zu widersprechen. Wir sollten unsere Intelligenz zur Verbesserung unseres Lebens nutzen, nicht um es zu zerstören. Der wichtige Punkt, auf den ich hinauswill, ist nicht, daß Sie Ihre Intelligenz nicht nutzen sollten, sondern daß Sie nicht gegen Ihre Instinkte handeln sollen, wenn Intelligenz und Instinkt in Konflikt sind.

Im Vergleich mit dem Wunder der Natur ist der Mensch immer noch geringer als die geringsten Ameisen, egal wie groß die Errungenschaften der Menschheit auch sein mögen.

Ich persönlich finde, unsere verhältnismäßige Unfähigkeit erkennt man am besten an folgendem Beispiel. Versuchen Sie, ein Produkt von der Größe einer Eichel herzustellen, das Sie auf den Boden werfen und einfach ignorieren können, das aber dann Jahr für Jahr wächst, bis es die Größe einer Eiche erreicht hat, die Hunderte von Jahren lebt und jeden Tag Tausende neuer Eicheln produziert, die die Art für immer erhalten. Wenn Sie das nächste Mal eine Eiche oder ein ähnliches Wunder ansehen, dann bedenken Sie für einen Moment die unglaubliche Intelligenz, die eine Eichel zu einem solchen Baum wachsen läßt, ohne jegliche Hilfe durch den Menschen; ein Baum, der seine immense Größe und Stärke nur aus einer Kombination von Sonnenschein, Mineralien und Wasser bezieht, jahrein, jahraus, Hunderte von Jahren lang. Eine Eiche ist nicht nur Einbildung, sie ist Wirklichkeit.

Wir sprechen über die Wunder der Natur. Sie erscheinen uns nur deshalb als Wunder, weil die »Technologie«, mit der sie erzeugt wurden, so viel komplexer ist als unsere, daß wir nicht einmal beginnen, sie zu verstehen. Trotzdem existieren sie, und wir können sie nicht leugnen.

Ich wurde mit einem unerschütterlichen Glauben an Ärzte

erzogen. Ich empfand es als schwierig, ihr Fachwissen in Frage zu stellen, ganz besonders, wenn sie offensichtlich intelligent, bestens ausgebildet und hochmotiviert waren. Jedoch ist die Natur und nicht der Mensch der Experte für den menschlichen Körper. Wenn Ihr Auto eine Panne hat, würden Sie dann Ihr Haustier, das zufällig einen Schraubenschlüssel in die Pfote bekommen hat, versuchen lassen, Ihren Wagen zu reparieren? Natürlich nicht! Selbst der größte Einfaltspinsel auf der Welt würde das nicht tun. Aber genau das machen wir, wenn wir unsere Intelligenz die Regeln der Natur überstimmen lassen.

Glauben Sie nun nicht, ich hielte alle Ärzte und Ernährungsfachleute für Dummköpfe oder Scharlatane. Ich versichere Ihnen, nichts liegt mir ferner. Ich kenne keinen ehrenwerteren Beruf und bin sehr stolz, daß mein jüngster Sohn diesen Beruf gewählt hat. Gerade die Ärzte, die am meisten über den menschlichen Körper wissen, sind es auch, die seine unglaubliche Komplexität schätzen. Je mehr sie lernen, desto mehr erkennen sie, wie wenig sie wissen. Aber wenn sie auf der Basis ihres unvollständigen Wissens handeln, ohne die vollständigen Auswirkungen ihres Tuns zu verstehen, dann sind sie das Äquivalent zum Haustier, das versucht, unser Auto zu reparieren. Ärzte sind Menschen. Ich gestehe zu, daß sie mehr als Sie und ich von der Funktionsweise des menschlichen Körpers verstehen. Aber im Vergleich zur Intelligenz, die uns geschaffen hat, wissen sie nur wenig mehr als unser Haustier. Und das ist die vierte Anweisung – wenn Ihnen jemand einen Rat gibt, der dem Rat der Natur widerspricht, egal wie qualifiziert oder herausragend die Person auch sein mag, *ignorieren Sie ihn!* Im folgenden bezeichne ich die vierte Anweisung als

die Expertenfalle.

Heutzutage sind sich die meisten Menschen der schädlichen Auswirkungen von Autoabgasen auf unser Ökosystem und der sogar noch schlimmeren Folgen des Inhalierens von Tabakrauch in unsere Lungen bewußt. Wir wissen auch um die verheerende Wirkung von Insektiziden und anderen Chemikalien auf die Lebewesen am Beginn der Nahrungskette. Aber warum glauben die meisten Leute, wir seien gegen all dies immun? Warum sind wir uns offenbar der Auswirkungen der Nahrung, die wir täglich in unseren Magen stopfen, nicht bewußt? Liegt es daran, daß wir die Dinge, die wir konsumieren, der Einfachheit halber pauschal entweder als Nahrung oder Gift behandeln? Gut, wir wissen, daß bestimmte Nahrungsmittel besser für uns sind als andere und daß manche Menschen auf bestimmte Nahrung allergisch reagieren. Ist also die Nahrung für den einen Menschen Gift, für den anderen nicht? Wenn es doch nur so einfach wäre.

Wenn wildlebende Tiere ausreichend mit ihrer Lieblingsnahrung versorgt sind, leiden sie nicht an Verstopfung, Durchfall, Sodbrennen, Verdauungsstörungen, Geschwüren, Bluthochdruck, hohen Cholesterinwerten und Magen-, Leber-, Nieren- oder sonstigen Krankheiten. Haben Sie jemals gehört, daß ein Tiger falsche Zähne, ein Hörgerät oder eine Brille, ein Toupet oder einen Herzschrittmacher brauchte? Benötigen wildlebende Tiere Dialysegeräte für ihre Nieren? Sterben sie an Schlaganfällen, Herzkrankheiten, Krebs oder Diabetes?

Ist es nicht offensichtlich, daß diese Krankheiten das direkte Ergebnis dessen sind, was wir essen? Ich behaupte nicht, daß ich mehr weiß auf diesem Gebiet als Sie. Aber glauben Sie mir bitte: Genauso wie der Hersteller eines Autos besser weiß als wir, welchen Kraftstoff und welche Betriebsmittel das Auto benötigt, weiß auch die Intelligenz, die uns geschaffen hat, besser als wir, was für uns das beste ist. Vielleicht denken Sie sich jetzt, das ist ja alles schön und gut – die Experten haben uns eine Bedienungsanleitung gegeben, und wir müssen uns nur daran halten. Aber woher bekomme ich denn ein

Exemplar der Bedienungsanleitung, mit der uns die Natur ausgestattet hat?

Ich verspreche Ihnen, daß eine solche nicht nur existiert, sondern daß sie für jeden schon immer da war. ALLEN CARR'S EASYWAY® wird Ihnen diese Anleitung geben, aber ich betone nochmals, daß es nicht meine Anleitung ist. Es ist die Anleitung, die uns durch die Intelligenz gegeben wurde, welche uns erschaffen hat. Jeder kann sie sehen, vorausgesetzt, man hat den Mut und die Vorstellungskraft, seinen Geist zu öffnen, die Scheuklappen abzunehmen und die Gehirnwäsche umzukehren.

Den Rest dieses Buches widme ich dem Erklären und Verstehen der Bedienungsanleitung der Natur. Lassen Sie uns nun damit fortfahren. Glücklicherweise gibt es nur drei Faktoren, die für das Erreichen meiner Behauptung wichtig sind. Schauen wir uns den offensichtlichsten zuerst an:

Welches Gewicht möchten Sie gerne haben?

9
Welches Gewicht möchten Sie gerne haben?

Vielleicht haben Sie bereits entschieden, welches Wunschgewicht Sie erreichen wollen. Ich möchte nicht analysieren, wie Sie dazu gekommen sind. Nach welcher Vorgabe auch immer Sie sich gerichtet haben, bitte vergessen Sie sie! Vielleicht haben Sie in einer dieser Tabellen nachgeschaut, mit der Sie anhand von Alter und Größe Ihr ideales Gewicht ermitteln können. Wenn das der Fall ist, war das nicht sehr wissenschaftlich. Dann sind Sie bereits in die Expertenfalle hineingetappt. Diese Tabellen sind einfach nur Schätzungen und stammen nicht von der Natur, sondern vom Menschen.

Eigentlich geben Ihnen solche Tabellen eher eine hervorragende Ausrede. Ich habe immer behauptet, mein wirkliches Problem sei, daß ich eher 15 cm zu klein als 14 Kilo zu schwer bin. Solche Tabellen werden oft als wissenschaftlich angesehen, aber bei genauerer Betrachtung erkennt man, daß das Gegenteil der Fall ist. Berücksichtigen sie solche Faktoren wie Knochenstärke? Und wie auch immer, wer hat diese Tabellen gemacht? Welches Recht haben diese Menschen, zu entscheiden, daß alle Menschen mit der gleichen Größe auch idealerweise das gleiche Gewicht haben sollten? Und wie ermittelten sie dieses ideale Gewicht?

Vergessen Sie einmal einen Moment lang Ihre eigene Situation. Wissen Sie, wieviel ein Henry Maske wiegt? Sie müssen nicht einmal sein Gewicht kennen. Er ist offensichtlich in einer hervorragenden körperlichen Verfassung. Schauen Sie Ihren Freundeskreis an. Müssen Sie jemanden wirklich wiegen, um festzustellen, ob er oder sie zu dick ist?

Nutzen Sie Ihren gesunden Menschenverstand. Nicht Ihre Waage sagt Ihnen, ob Sie Übergewicht haben. Ihre Waage bestätigt nur, was Sie bereits wissen. Es ist Ihr Spiegel, der es Ihnen sagt. Die unansehnlichen Rundungen, bestätigt durch die Tatsache, daß Ihnen die Kleidung nicht mehr paßt, Sie ständig kurzatmig und lethargisch sind.

Wenn Sie ein vorbestimmtes Idealgewicht haben, dann lassen Sie den Schwanz mit dem Hund wedeln und gehen das Ganze von der falschen Seite her an. Außerdem schaffen Sie sich unnötige Hindernisse. Wäre es nicht schön, wenn Sie persönlich sicher wüßten, welches genaue Gewicht Sie haben sollten? Das können Sie! Es ist das Gewicht, das Sie haben, wenn Sie unbekleidet in einen Ganzkörperspiegel blicken und das, was Sie sehen, bewundern. Es ist das Gewicht, das Sie haben, wenn Sie jeden Morgen völlig ausgeruht aufwachen, voller Energie, und sich mit echter Lebensfreude auf den neuen Tag freuen. Ihre fünfte Anweisung lautet:

Legen Sie nicht von vornherein Ihr Zielgewicht fest.

Lesen Sie den vorherigen Absatz noch einmal. Ist das nicht das Gewicht, das Sie haben wollen? Aller Wahrscheinlichkeit nach ist es das Gewicht, das Ihrem festgelegten Zielgewicht ähnlich ist. Wahrscheinlich ist es nicht weit von dem Gewicht entfernt, das in einer Tabelle steht. Aber jetzt müssen Sie sich nicht mehr mit einer Schätzung zufriedengeben. Sie haben eine genaue Anleitung für das Gewicht, das Sie haben wollen. Und das ist das ganze Ziel von ALLEN CARR'S EASYWAY®: die Sache leicht und einfach zu machen.

Natürlich wird nichts von dem, was ich sage, die Form Ihrer Nase oder Ihres Mundes verändern. Ich spreche nur von der Menge Fett, die Sie haben, oder dem Mangel daran, und wie gut proportioniert und wohlgestaltet Sie sein werden. Selbst wenn Sie mit den Merkmalen nicht ganz zufrieden sind, mit denen Sie der Schöpfer ausgestattet hat, werden Sie doch feststellen, daß jegliche anderen scheinbaren Mängel völlig unbedeutend werden, nicht nur in Ihren Augen, sondern auch in den Augen anderer. Es gibt nur wenig Attraktiveres als einen gut proportionierten, gesund aussehenden Körper.

Vielleicht empfinden Sie es als Problem, kein vorbestimmtes Zielgewicht zu haben. Ich versichere Ihnen, das Gegenteil ist der Fall. Wenn Sie das akzeptieren können, haben Sie bereits ein Drittel Ihres Problems gelöst. Sollten Sie das nicht annehmen können und auf einem vorbestimmten Zielgewicht bestehen oder auch auf dem, das die Mode diktiert, dann wollen Sie ein Gewicht haben, mit dem Sie sich im Spiegel nicht gefallen werden. Das bedeutet auch, daß Sie gerne ein Gewicht hätten, mit dem Sie sich unwohl und lethargisch fühlen. Und was noch dazu kommt, Sie hätten dann nicht jede der fünf Anweisungen befolgt, die ich Ihnen bis jetzt gegeben habe – vielleicht mit Ausnahme der dritten – *Beginnen Sie mit einem Gefühl der Freude und Spannung!* Aber selbst wenn Sie die dritte Anweisung befolgt haben, befürchte ich, daß Ihre Freude nur kurzlebig sein würde. ALLEN CARR'S EASY-WAY® ist darauf ausgerichtet, Menschen mit Gewichtsproblemen zu helfen: Nehmen Sie also die Anweisungen ernst und gehen Sie damit nicht leichtfertig um. (Im Anhang sind noch einmal alle Anweisungen aufgelistet, damit Sie sie leicht finden.) Wenn Sie dieses Kriterium akzeptieren können, aber Grund haben, Ihr eigenes Urteil in Frage zu stellen, ganz besonders wenn nahe Freunde oder Verwandte Sie nicht für zu dick halten, Sie aber das gegenteilige Gefühl haben, dann lassen Sie Ihren Hausarzt Schiedsrichter sein und verlassen Sie sich auf sein Urteil.

Vielleicht sind Sie jetzt versucht, Ihre Waage wegzuwerfen. Nein! Sie ist ein wesentlicher Bestandteil der Methode. Einer der Gründe, warum wir überhaupt zunehmen, ist, daß es so langsam und allmählich passiert. Es ist ein bißchen so wie älter werden – unser Spiegelbild scheint jeden Tag dasselbe wie am Vortag zu sein. Erst wenn wir ein zehn Jahre altes Foto von uns sehen, erkennen wir den Unterschied. Und selbst wenn dann der Alterungsprozeß nicht mehr zu leugnen ist, versuchen wir es abzuschwächen. Wir sagen nicht: Schau, wie alt ich geworden bin, sondern: Wie jung ich damals ausgesehen habe! Das ist eine der Freundlichkeiten der Natur – der Alterungsprozeß ist kaum wahrnehmbar. Aber es ist ein zweischneidiges Schwert. Auch dick zu werden ist ein relativ schlecht wahrnehmbarer schrittweiser Vorgang. Würden die Extrakilos und der Rettungsring über Nacht auftauchen, wären wir entsetzt. Wir würden das Problem klar als die Krankheit erkennen, die es auch ist, und würden etwas dagegen tun. Aber wir rutschen so langsam ins Dickerwerden ab, daß wir keinen Schock spüren – unser Verstand wird langsam so konditioniert, daß er es akzeptiert.

Und wenn wir dann dick und schlaff geworden sind, haben wir uns auch an diesen Zustand gewöhnt. Das Problem dabei ist, daß wir beim Umkehren dieses Prozesses die Verbesserungen auch nur schrittweise erreichen. Unser Gewicht, Energieniveau und unser Spiegelbild scheinen sich auch nicht von einem Tag auf den anderen zu unterscheiden.

Wie ich später noch genauer beschreiben werde, ist dieser schrittweise Prozeß ein wesentlicher Aspekt bei ALLEN CARR'S EASYWAY®. Ich kann gar nicht genug betonen, daß die wesentliche Stärke von ALLEN CARR'S EASYWAY® darin liegt, daß diese Vorgehensweise auf gesundem Menschenverstand basiert. Dadurch werden Sie wirklich einschneidende Ergebnisse beim Abnehmen, bei Ihrer Fitneß und Ihrem äußeren Erscheinungsbild erzielen. Deshalb ist auch nicht viel gesunder Menschenverstand nötig, um zu erkennen, daß jegliche Methode, die solche dramatischen Ergebnisse über Nacht verspricht, begleitet sein muß von abrupten Entzugserscheinungen, Energielosigkeit und immensem Einsatz von Willenskraft, gepaart mit einem Gefühl des Verlusts. Solch eine Methode könnte man niemals als »Easyway – den leichten Weg« bezeichnen.

Obwohl dieses schrittweise Vorgehen ALLEN CARR'S EASYWAY® unproblematisch und zu einer Freude macht, hat es den Nachteil, daß Sie Ihre beträchtlichen Fortschritte nicht im Blick haben. Das kann wiederum dazu führen, daß Sie den Glauben an die Methode verlieren. Heute fühle ich mich nach einer halben Stunde intensiven Trainings und einem 3-km-Dauerlauf gut, wo ich vor ein paar Jahren noch nach Luft schnappte, wenn ich nur einen Treppenabsatz hochging. Aber ich habe keine Möglichkeit, mich gedanklich wieder in den Körper von damals zurückzuversetzen, um festzustellen, wie ungesund ich mich fühlte. Ich hätte monatlich Fotos machen können, um zu sehen, wie sich meine äußere Erscheinung verbesserte, aber das wäre doch ziemlich umständlich gewesen.

Es ist aber keine große Mühe, Ihr Gewicht regelmäßig zu dokumentieren. Sie erleben ein absolutes Hoch, wann immer Sie einen neuen Tiefstand erreichen – ein neues tiefes Gewicht natürlich –, und wenn Sie dann auf die Aufzeichnungen zurückblicken, um schwarz auf weiß festzustellen, daß Sie bereits acht Kilogramm in sechs Monaten abgenommen haben, ohne sich auch nur anzustrengen, dann ist das doch ein erheblicher Anreiz.

Und es ist dann noch ein zusätzlicher Bonus, wenn Sie plötzlich feststellen, daß Ihre Kleidung unbequem wird, nicht etwa weil sie zu eng, sondern weil sie zu weit ist. Ich habe einen Lieblingsgürtel. Bevor ich mit ALLEN CARR'S EASYWAY® begann, war ich beim zweiten Loch von außen. Jetzt ist es das neunte. Vorher waren in diesem Gürtel nur sechs Löcher, und jetzt muß ich immer ein neues Loch hineinmachen, wenn ich ihn wieder enger schnalle. Ich kann meine Freude gar nicht beschreiben, wenn ich wieder ein neues Loch mache. Ein Teil der Freude bei dieser Methode ist auch, daß man genau weiß, wieviel Gewicht man seit dem Beginn verloren hat. Solche Anreize sind ein wesentlicher Teil von ALLEN CARR'S EASYWAY®. Sie sind der Beweis dafür, daß die Methode funktioniert, und wenn Sie Ihr Gewicht regelmäßig dokumentieren, dann beweisen Sie sich ständig, daß Sie gewinnen.

Es gibt noch einen weiteren, nicht so offensichtlichen Vorteil, wenn man kein von vornherein festgelegtes Zielgewicht hat. Wenn Sie ein vorbestimmtes Wunschgewicht haben, dann glauben Sie Ihr Ziel erst mit diesem Gewicht erreicht zu haben. Das Schöne an ALLEN CARR'S EASYWAY® ist, daß Sie keine Diät machen, sondern einfach nur Ihre Eßgewohnheiten ändern. Wenn Sie das Gras erst einmal gesät haben, haben Sie alles Notwendige getan. Sie müssen nicht herumsitzen und darauf warten, daß das Gras wächst. Genauso ist es auch mit ALLEN CARR'S EASYWAY®. In dem Moment, wo Sie mit dieser Methode beginnen, haben Sie Ihr Problem gelöst. Sie müssen nicht herumsitzen und warten, daß Sie Ihr gewünschtes Gewicht erreichen. Sie können Ihr Leben weiterhin genießen, mit dem sicheren Wissen, daß Sie nur durch das Beginnen mit diesem Programm Ihr Gewichtsproblem gelöst haben. Ihre Waage, Ihre Kleidung und Ihr Spiegel werden zusätzliche Anreize und Beweise sein.

Wenn Sie jetzt vom gesunden Menschenverstand her erkennen, wie wenig Sinn es ergibt, sich mit einem hypothetischen, von vornherein festgelegten Zielgewicht zu belasten, sind Sie in der glücklichen Lage, sich nur noch mit zwei Faktoren beschäftigen zu müssen, die in diese Gleichung mit einfließen:

Nahrungsaufnahme und Verwertung/Ausscheidung.

10
Nahrungsaufnahme und Verwertung/Ausscheidung

Nahrungsaufnahme – die Menge und Art der konsumierten Nahrung.

Verwertung/Ausscheidung – der Faktor, mit dem wir Energie verbrennen und verwertete Nahrung ausscheiden.

Sofern aus dem Zusammenhang nichts anderes ersichtlich ist, bedeutet »Nahrung« im gesamten Buch auch Getränke und damit »Essen« auch Trinken.

Wenn die Nahrungsaufnahme regelmäßig größer als die Nahrungsverwertung ist, dann nehmen wir an Gewicht zu und umgekehrt. Unser Ziel ist es, ein Gleichgewicht zwischen Nahrungsaufnahme und Nahrungsverwertung bzw. -ausscheidung zu erreichen, damit wir unser ganzes Leben lang das richtige Gewicht haben.

Vielleicht glauben Sie, daß auch noch andere Faktoren die Gleichung beeinflussen, wie z. B. Drüsen- oder Stoffwechselprobleme. Ich esse wie ein Spatz, und trotzdem nehme ich ständig zu – wir alle haben schon unzählige solcher Aussagen gehört, vielleicht ähnliche Behauptungen gemacht, aber Bilder von verhungernden Menschen aus Entwicklungsländern sind ein hinreichender Beweis, daß solche Aussagen nicht zutreffen.

In Wirklichkeit sind es einfach nur Ablenkungsmanöver, um Ausreden für diejenigen zu finden, die es nicht geschafft haben, ihr Gewicht zu kontrollieren. Verstehen Sie mich nicht falsch. Ich sage nicht, daß es keine Menschen mit Drüsenproblemen gibt. Ich sage auch nicht, daß wir alle die gleiche Stoffwechselgeschwindigkeit haben. Ich gebe auch zu, daß sich der Stoffwechsel eines Lebewesens im Laufe seines Lebens verändern kann. Was ich sage, ist, daß Sie nicht aus Steinen Gold machen können. Jeder Gärtner weiß, daß die Pflanzen größer werden, wenn man den Boden düngt. Aber auf Stahl wachsen Pflanzen trotzdem nicht. In Situationen, wo einzelne Lebewesen nicht genügend Nahrung bekommen, wie z. B. in Entwicklungsländern oder in Dürregebieten, sind die Opfer hauptsächlich unter- und nicht überernährt.

Wenn Sie aufgrund Ihres Stoffwechsels oder der Drüsen weniger essen müssen als Ihr Nachbar, dann ist das eben so. Aber bedeutet das nicht auch, daß Sie dann nicht soviel essen können, wie Sie wollen? Nein, das bedeutet es nicht. Urteilen Sie nicht vorschnell. Würde es Ihnen etwas ausmachen, wenn das Auto Ihres Nachbarn doppelt soviel Benzin verbraucht wie Ihr eigenes? Sie würden in keiner Weise eingeschränkt.

Ohne Zweifel haben Sie bereits gemerkt, daß ALLEN CARR'S EASYWAY® behauptet, Sie könnten Ihr Wunschgewicht ohne spezielles körperliches Training erreichen. Viele Leute, die sich bei diesem Thema für kompetent halten, behaupten, regelmäßige körperliche Bewegung sei ein wesentlicher Bestandteil einer erfolgreichen Gewichtsreduzierung. Aber das ist wieder nur ein weiteres Ablenkungsmanöver. Es stimmt schon: Je mehr Sie sich bewegen, desto mehr Energie verbrennen Sie, was dann die Nahrungsverwertungsrate vergrößert. Aber Training macht Sie auch hungrig und durstig, was dann wiederum zu erhöhter Nahrungsaufnahme führt. Lebewesen wie Faultiere, Schnecken und Schildkröten sind auch nicht sportlich überaktiv und haben dennoch kein Übergewicht.

Selbst wenn Faktoren wie Sport, Drüsen und Stoffwechsel

das Verhältnis von Nahrungsaufnahme und -verwertung bestimmen, dann steht immer noch fest, daß man zunimmt, wenn die Aufnahme die Verwertung und Ausscheidung überschreitet, und umgekehrt. Lassen Sie uns also einen klaren Kopf behalten und uns auf das Wesentliche konzentrieren.

Gehen wir noch einmal zu dem Vergleich mit dem Auto zurück. Ich bezweifle, daß mehr als einer von tausend Autofahrern das Gewicht seines Autos im unbeladenen Zustand kennt. Ich jedenfalls kenne es nicht. Wir müssen es auch nicht kennen. Wenn der Tank leer ist und Sie wieder volltanken, dann erhöht sich das Gewicht Ihres Autos. Wenn Sie beim Fahren dieses Benzin verbrauchen, dann geht das Gewicht wieder herunter, aber das grundsätzliche Gewicht des Autos bleibt das gleiche. Nehmen wir einmal an, Sie hätten aus irgendeinem Grund das Gefühl, Ihr Auto sei zu schwer. Würden Sie das Problem wirklich dadurch lösen, daß Sie mit Ihrem Auto nur deshalb fahren, um das wertvolle Benzin zu verbrennen und damit das Gewicht zu reduzieren? Nur ein Narr würde das als Lösung betrachten. Aber genau das tun wir, wenn wir Sport nur zum Abnehmen treiben.

Vielleicht halten Sie das für einen schlechten Vergleich. Sie könnten argumentieren, daß Ihr Auto nicht mehr fahren würde, wenn Sie alles Benzin im Tank verbraucht hätten; wenn Sie aber Ihren Körper weiter trainierten, dann würde er die Fettreserven abbauen, und Sie nähmen ab. Das stimmt, aber um Erfolg zu haben, müßten Sie nach Ihrer rigorosen sportlichen Betätigung und dem Angreifen der Fettreserven entweder fasten oder zumindest die Menge dessen, was Sie essen oder trinken wollen, einschränken. Sonst ersetzen Sie das Fett nur. Aber gerade nach sportlicher Betätigung hat man am meisten Hunger oder Durst. Sie werden sich unwohl fühlen und ein Verlustgefühl haben, wenn Sie nicht essen oder trinken dürfen. Dann brauchen Sie Willenskraft und Disziplin und machen somit in Wirklichkeit eine Diät. Vielleicht haben

Sie eine Weile damit Erfolg. Ohne Zweifel haben Sie schon einmal kurzfristige Erfolge erzielt. Diese Erfolge waren kurzfristig, weil

Diäten nicht funktionieren!

Wenn sie funktionieren würden, dann würden Sie dieses Buch nicht lesen. Warum soll man sich das Leben schwermachen, wenn man es mit *dem leichten Weg* schaffen kann?

Nicht daß Sie meinen, ich sei gegen Sport. Nichts liegt mir ferner. Ich versuche nur zu erklären, warum sportliche Betätigung Ihr Grundgewicht nicht beeinflußt. Mit Sport werde ich mich noch im vorletzten Kapitel beschäftigen.

Genauso wie alle Autos ein Grundgewicht haben, so haben auch alle Lebewesen ein Grundgewicht, und genauso wie das Grundgewicht von Fahrzeugen durch die Marke und das Modell bestimmt wird, so hat auch jede Spezies und jedes Individuum ein ideales oder Standardgewicht. Warum sehen wir das beim Auto so deutlich, und doch ist es bei unserem Körper so unklar? Weil die Menschen das Auto geschaffen haben und genau verstehen, warum man Benzin in den Tank füllen muß und wie dumm es wäre, dieses Benzin ohne Grund zu verschwenden. Aber unsere Gründe fürs Essen sind unklar geworden. Es ist nötig, daß wir uns an die Antwort auf die Frage erinnern:

Warum essen wir?

11
Warum essen wir?

Die Antwort liegt klar auf der Hand: Weil wir sonst alle verhungern würden! Das stimmt, und wahrscheinlich haben wir alle schon öfter den Ausdruck »Ich sterbe vor Hunger« verwendet. Haben Sie sich jemals mit dem Gedanken zum Essen hingesetzt, daß Sie diese Mahlzeit nur deshalb einnehmen, weil Sie sonst verhungern würden? Einmal in meinem Leben gab es ein Erlebnis, wo ich wirklich glaubte, daß ich verdursten würde, aber ich kann mich an keinen einzigen Tag erinnern, der in meinem Leben ohne Essen vergangen wäre. Ich denke, das trifft auf die meisten Menschen in der westlichen Gesellschaft zu, mit Ausnahme derer, die bei bestimmten Anlässen absichtlich fasten oder die krank sind.

Obwohl der eigentliche Zweck des Essens Hungervermeidung ist, ist es doch so, daß jede Mahlzeit durch einen naheliegenderen Grund ausgelöst wird, wie z. B.: Ich bin es gewöhnt, dreimal am Tag zu essen, oder: Ich genieße es, zu essen, oder: weil ich mich hungrig, gelangweilt oder nervös fühle, oder: weil mir ein guter Geruch in die Nase gekommen ist, oder einfach nur, weil das Essen da war und ich nicht widerstehen konnte.

Vielleicht essen wir aus einem dieser Gründe, vielleicht auch aus allen zusammen. Das ist sehr verwirrend, oder? Und es überrascht nicht, daß wir Übergewicht bekommen. Stellen Sie sich vor, Sie handeln beim Tanken Ihres Autos genauso wirr:

»Ich fühle mich heute ein bißchen nervös, Liebling, also ich fahr mal zur Tankstelle und tanke ein bißchen.«
»Aber du hast schon vor einer halben Stunde getankt!«
»Ich weiß, ich weiß, aber es dauert ja nur zehn Minuten.«

Stellen Sie sich eine noch groteskere Situation vor:

»Ich tanke normalerweise jeden Sonntag fünfzig Liter. Dadurch geht mir ziemlich sicher niemals das Benzin aus.«
»Und wenn du das Auto unter der Woche mal nicht brauchst?«
»Dann tanke ich trotzdem fünfzig Liter. Das habe ich mir so angewöhnt. Manchmal läuft zwar alles über, denn es gehen nur fünfundfünfzig Liter in den Tank. Es ist nicht lustig zuzusehen, wie das teure Benzin auf den Boden läuft. Außerdem ist es auch ziemlich gefährlich. Ich habe deswegen auch schon Probleme mit dem Tankstelleninhaber und anderen Autofahrern bekommen, aber wie gesagt, es ist so eine Angewohnheit von mir.«
»Und was ist, wenn du in einer Woche mehr als fünfzig Liter verbrauchst?«
»Oh, dann geht mir das Benzin aus. Deshalb habe ich mir ja angewöhnt, regelmäßig jeden Sonntag zu tanken.«

Vielleicht empfinden Sie die beiden obengenannten Gespräche als zu weit hergeholt. Vielleicht glauben Sie auch, daß nicht einmal ein Narr sich so verhalten würde, ganz abgesehen von einem intelligenten Menschen, und Sie haben damit auch absolut recht. Unser Auto würden wir so nicht behandeln, aber

genau so behandeln wir unseren Körper!

Der Grund, warum uns die Natur mit einem Verlangen nach Essen ausgerüstet hat, ist derselbe, warum der Hersteller eines Autos auf den Benzinverbrauch verweist. Wenn ein Auto kein Benzin bekommt und man es nicht wartet, dann funktioniert es nicht. Und wenn man nicht ißt, dann stirbt man.

Ich erwarte nicht, daß Sie in Zukunft jede Ihrer Mahlzeiten mit dieser Einstellung zu sich nehmen. Glauben Sie bitte nur, daß die Natur uns ausschließlich mit einem Verlangen nach Essen ausgestattet hat, damit wir überleben. Glücklicherweise ist der Vorgang des Essens etwas Genußvolles, und der einzige Zweck des Essens ist, unserem Körper »Benzin und Betriebsmittel« zuzuführen.

Tanken Sie regelmäßig dreimal pro Woche zehn Liter Benzin, egal, ob es notwendig ist oder nicht? Natürlich nicht! Wenn Sie aber ungefähr fünfzig Liter Benzin pro Woche verbrauchen, dann könnten Sie es sich durchaus angewöhnen, regelmäßig zu tanken. Wenn Sie dann aber einmal Ihr Auto eine Woche lang nicht benutzen, würden Sie auch nicht zur Tankstelle fahren und zuschauen, wie das Benzin überläuft, so etwas wäre grotesk. Aber eigentlich ist das genau das, was wir beim Essen machen! Sind nicht die meisten Menschen daran gewöhnt, jeden Tag dreimal eine bestimmte Menge Essen auf ihrem Teller zu haben, und versuchen sie dann nicht auch noch, diese Menge aufzuessen, unabhängig von der Energie, die sie voraussichtlich verbrennen?

Was ich damit sagen möchte, ist, daß die Kilometerleistung unseres Autos nicht durch die Benzinmenge bestimmt wird, die wir in unseren Tank füllen, sondern genau andersherum. Wir entscheiden, wie weit wir fahren wollen, und füllen dann die ausreichende Menge Benzin in den Tank.

Das scheint ein absolut vernünftiger Ablauf zu sein, und unser Körper ist so angelegt, daß er nach demselben Prinzip funktioniert. So essen Tiere. Das ist der Grund, warum das Eichhörnchen nicht weitergefressen hat, sondern anfing, die

Nüsse einzugraben. Wir zäumen das Pferd von hinten auf, wenn wir versuchen, unsere fünfzig Liter zu tanken, auch wenn der Tank bereits voll ist.

Also: Unser Körper ist nicht dafür geschaffen, mit diesem Überschuß umzugehen. Unser Körper ist aus verschiedenen Gründen, die wir später noch im Detail betrachten werden, nicht fähig, den Müll loszuwerden, den wir ihm aufbürden. Statt dessen ist er gezwungen, ihn in Form von unansehnlichen »Schwimmreifen« und Rundungen an sonstigen Stellen einzulagern, was uns übergewichtig und fettleibig macht.

Vielleicht glauben Sie, daß das Problem ein Zuviel-Essen ist, aber wie ich bereits gesagt habe, das wirkliche Problem ist eine

falsche Nahrungsaufnahme.

Ich werde das im folgenden noch genauer erklären. Das Prinzip, auf das es mir jetzt ankommt, ist, daß wir ein Auto unseren Wünschen und Bedürfnissen entsprechend nutzen. Diese können sich von Tag zu Tag oder Woche zu Woche ändern. Das ist kein Problem. Und vorausgesetzt, wir können uns das Benzin leisten, dann passen wir die Kraftstoffzufuhr entsprechend an. Wir brauchen uns nicht mit dem Gewicht des Autos oder dem Entsorgen der Abgase zu beschäftigen. Unser einziges Interesse gilt der richtigen Wartung des Autos und der richtigen Benzinzufuhr.

Die Natur hat unseren Körper mit dem gleichen Funktionsprinzip ausgestattet. Wildlebende Tiere machen sich keine Gedanken über ihr Gewicht oder wie sie die Nahrung, die sie sich zuführen, wieder ausscheiden. Meistens haben sie sogar genau die gegenteilige Sorge – wie sie ausreichend Nahrung bekommen. Glücklicherweise ist das etwas, was die westliche Gesellschaft gelöst hat.

Wir haben jetzt bereits zwei Drittel unseres Problems gelöst. Wir müssen jetzt nicht mehr über unser Idealgewicht nachgrübeln. Wir brauchen uns auch keine Gedanken über die Rate zu machen, mit der wir Nahrung verbrennen bzw. ausscheiden. Wir können uns jetzt auf einen einzigen Aspekt konzentrieren, und zwar nur auf einen:

unsere Nahrungsaufnahme.

12
Unsere Nahrungsaufnahme

Ich sagte, daß wir bereits zwei Drittel unseres Problems dadurch gelöst haben und daß wir uns nicht mit unserem Gewicht oder mit der Energieverbrennung oder Ausscheidung von Abfallstoffen beschäftigen müssen. Ein Autobesitzer muß sich auch nicht um das Grundgewicht seines Wagens kümmern oder wie schnell es Kraftstoff verbrennt oder wie die Autoabgase entsorgt werden, vorausgesetzt, er füllt jeweils die korrekte Benzinmenge und -qualität und sonstige Betriebsmittel ein. Mit anderen Worten, ist die Zufuhr korrekt, dann gibt es mit dem Rest keine Probleme.

Das gleiche Prinzip trifft für unseren Körper zu. Nur wenn die Nahrungszufuhr korrekt ist, gibt es mit dem Rest keine Probleme. Vielleicht denken Sie sich jetzt: Das wußte ich ja schon von Anfang an – ich esse zuviel und das Falsche. Vielleicht ist das so, vielleicht auch nicht. Wir sind noch nicht soweit, und Sie grübeln vielleicht immer noch, welches Gewicht Sie haben sollten und ob Ihr Problem ganz oder zum Teil auf zu geringe sportliche Betätigung zurückzuführen ist. Ich helfe nur, die Situation klarzustellen. Sie müssen erst die Auswirkungen falscher Nahrung auf Ihren Körper verstehen.

Der einzige Punkt, um den wir uns noch kümmern müssen, ist die Art und Menge der Nahrung, die Sie zu sich nehmen. Gut, vielleicht haben Sie Ihr Zielgewicht nach verschiedenen Faktoren, wie z. B. Größe und Alter, geschätzt, aber zweifellos kennen Sie Ihre Lieblingsspeisen ganz genau. Jetzt erkennen Sie endlich den Haken. Ich will Sie wohl überzeugen, daß eine Salatplatte mit geriebenen Karotten und Nüssen ein Hochgenuß ist. Nein, das tue ich nicht!

Jetzt kommen wir zum Kern der Sache. Dies ist der Moment, an dem sich entscheidet, ob Sie erfolgreich sind oder nicht. Und es ist sehr wichtig – ja sogar entscheidend –, daß Sie die Botschaft verstehen, denn ALLEN CARR'S EASYWAY® ist leicht, einfach und macht Spaß.

Gehen wir noch einmal zu Ihrem Auto zurück. Wenn es einen normalen Verbrennungsmotor hat, würden Sie dann Diesel tanken? Selbst jemand, der von der Funktionsweise eines Viertakt-Verbrennungsmotors nichts versteht, würde das nicht tun. Viele Autofahrer geben offen zu, daß sie von Autos keine Ahnung haben. Trotzdem eignen sich die meisten ahnungslosen Fahrer ein Basiswissen und Grundverständnis für Autos an. Kennen Sie jemanden, der dumm genug wäre, statt Motoröl Sirup einzufüllen? Natürlich nicht. Die Bedienungsanleitung sagt Ihnen genau, welche Art Motoröl für Ihren Motor die richtige ist, und der Ölmeßstab zeigt Ihnen die erforderliche Menge. Hier besteht keinerlei Interessenkonflikt.

Wenn Sie das falsche Benzin in den Tank einfüllen, dann wird Ihr Auto nicht richtig funktionieren. Ihr Auto hat ein ausgeklügeltes System, bei dem zur Energieerzeugung ein Gemisch aus Benzindampf und Luft entzündet wird. Die Bedienungsanleitung gibt die korrekte Benzinqualität an, die Sie verwenden müssen, und niemand würde diese Anweisungen ignorieren.

Natur und Evolution haben im Laufe der Jahre eine unglaubliche Vielfalt von Lebewesen hervorgebracht, von Amöben bis hin zu Giraffen. Warum ist die Nahrung mancher Lebewesen so eingeschränkt? Weil die verschiedenen Arten in den Millionen von Jahren seit Bestehen dieses Planeten um

Nahrung konkurrieren mußten. Manche Arten, manchmal auch einzelne Angehörige einer Art, sind besser ausgestattet als andere, um sich in Zeiten des Überflusses die besten Happen zu sichern, und in Zeiten des Mangels die einzigen.

Der Hals der Giraffe, der Rüssel des Elefanten, die Schwimmfüße des Otters, all das sind offensichtliche physische Merkmale, die sich entwickelt haben, damit eine Spezies leichter an Nahrung gelangt. Bestimmte Tiere haben ganz spezielle Nahrung. Koalas leben fast ausschließlich von Eukalyptusblättern und Pandabären von Bambus. Zweifelsohne haben Koalas und Pandas gelernt, mit dieser beschränkten Nahrung zu überleben, weil keine andere Spezies Bambus oder Eukalyptusblätter besonders attraktiv gefunden hat. Beide Arten drohen nun auszusterben, weil das spezielle Umfeld, von dem sie abhängig sind, rapide verschwindet.

Eine spezialisierte Nahrung bedeutet allerdings nicht immer eine drohende Ausrottung. Termiten lebten schon Millionen von Jahren, bevor der Mensch entstand, und wenn wir unser Verhalten nicht schnellstens verändern, werden sie aller Wahrscheinlichkeit nach noch dasein, wenn der Mensch längst nicht mehr existiert, vorausgesetzt, wir haben nicht den gesamten Planeten mit uns zerstört. Die Nahrung von Termiten besteht aus Holz. Nicht gerade sehr appetitlich, werden Sie denken. Vielleicht nicht für Sie und mich, aber warum sonst sollten Termiten Holz fressen, wenn sie es nicht mögen? Indem sie gelernt haben, Holz zu verdauen, haben sich die Termiten einen immerwährenden Vorrat an freien und verfügbaren Mahlzeiten verschafft, vorausgesetzt, daß die Menschheit eines Tages damit aufhört, den gesamten Planeten in einen Asphaltdschungel oder eine Betonwüste zu verwandeln.

Die äußeren Entwicklungen verschiedener Arten sind nicht nur offensichtlich, sondern spektakulär. Aber die Beine und der Hals einer Giraffe oder der Rüssel und die Stoßzähne eines Elefanten sind nicht über Nacht so gewachsen. Diese

Veränderungen passierten langsam über Hunderttausende von Jahren. So wie sich die äußeren Merkmale entwickelten, haben sich auch die inneren Organe, einschließlich des Verdauungssystems, entwickelt, um Schritt zu halten. Wir haben einen Magen, eine Kuh hat vier.

Genauso wie der Hersteller Ihres Autos genau die Art des Benzins und der sonstigen Betriebsmittel vorschreibt, so hat auch die Natur für jedes Lebewesen die richtige Nahrung zur Verfügung gestellt. Sie kennen die Redewendung: Was für den einen Nahrung ist, ist für den anderen Gift. Eine bessere Redewendung wäre: Was für eine Spezies Nahrung ist, ist für eine andere Spezies Gift.

Der Autohersteller empfiehlt das für den Motor geeignete Benzin. Aber bei der Evolution scheint es genau andersherum zu sein – das Verdauungssystem der Lebewesen paßt sich dem verfügbaren Nahrungsangebot an. In der Tat ist dieser Unterschied eher scheinbar als wirklich. Der Mensch, der den ersten Verbrennungsmotor baute, hat nicht zuerst den Motor entwickelt und dann das Erdöl gesucht. Er hat den Motor der Kraftstoffquelle angepaßt, und seither haben sich, wie bei der Evolution, sowohl die Motoren als auch die Ölraffinerieverfahren immens weiterentwickelt.

Der wichtige Punkt, der daraus folgt, ist: Motoren werden immer weiterentwickelt werden, aber egal, welchen Motor Sie jetzt in Ihrem Auto haben, Sie müssen den dafür passenden Kraftstoff verwenden. Genau das gleiche Prinzip trifft für Ihren Verdauungsapparat zu. Zweifelsohne wird sich der Mensch in hunderttausend Jahren weiterentwickelt haben. Aber unser jetziges Leben kann viel länger und glücklicher sein, wenn wir für das uns heute eigene Verdauungssystem die richtige Nahrung finden; und dieses hat sich kaum verändert, seit unsere Vorfahren die Bäume verlassen haben.

Noch ein zusätzlicher Punkt: Wenn wir Diesel in einen Benziner füllen, dann wird das Auto nicht funktionieren.

Doch wir Menschen können die unterschiedlichsten Arten von Nahrung zu uns nehmen und trotzdem überleben. Wie kann ich also behaupten, daß nur bestimmte Nahrungsgruppen für den Menschen geschaffen sind? Aber ist nicht genau das der Grund, warum Sie dieses Buch lesen? Sie essen die falschen Nahrungsgruppen. Das ist der Grund, warum Sie Übergewicht haben, träge und dick sind.

Ja, wir überleben, aber das liegt nur daran, daß unser Körper unglaublich genial ist, viel komplexer als unser Auto. Das System ist sogar so genial, daß unser Körper fähig ist, mit einer verschluckten Münze oder zerbrochenem Glas fertigzuwerden. Trotzdem würden Sie Münzen nicht zum Bestandteil Ihrer täglichen Nahrung machen. Und das ist eines der schönen Dinge an diesem System. Unser Körper kann eine bestimmte Menge von *Junk Food* ohne jegliche negativen Begleiterscheinungen verarbeiten. Aber ist das eine Ausrede dafür, unseren Körper wie einen Abfalleimer zu behandeln? *Wildlebende Tiere essen nur natürliche Nahrung!*

Was ist natürliche Nahrung?

13
Was ist natürliche Nahrung?

Natürliche Nahrung ist jegliche Nahrung, die man in ihrer natürlichen Form essen kann. In anderen Worten – der Mensch hat nicht daran herumgepfuscht. Das bedeutet: sie nicht gekocht, raffiniert, gefroren, gesalzen, in Flaschen gefüllt, haltbar gemacht, gesüßt, mit Geschmacksstoffen versehen, in Dosen gefüllt, geräuchert oder was auch immer. Und sie enthält keinerlei Zusätze, einschließlich Salz und Pfeffer.

Vergeben Sie mir, wenn ich Ihre Gedanken falsch vorwegnehme: Was! Wir sollen Nahrung nicht mehr kochen? Wir dürfen sie nicht mehr würzen oder durch köstliche Soßen verfeinern? Natürlich können Sie das. Einer der Vorzüge von ALLEN CARR'S EASYWAY® ist, daß es keine Beschränkungen gibt! Ich bitte Sie nur einmal zu überlegen, welche Nahrungsmittel Sie in ihrem natürlichen Zustand essen können, die Sie also nicht kochen oder verarbeiten müssen; Nahrungsmittel, die nicht nur köstlich schmecken, sondern keinerlei Gewürze oder Soßen benötigen, um den Geschmack zu verfeinern. Ist das nicht nur bei frischem Obst, Gemüse und Nüssen so? Ich sage nicht, daß Sie das alles mögen sollen. Ich sage nur, daß keine andere Nahrung in ihrer natürlichen Form für den Menschen angenehm oder schmackhaft ist.

Schauen wir uns einmal an, wieviel »Verarbeitung« zu einer einfachen Mahlzeit wie einer Scheibe Toast mit Butter und Marmelade nötig ist. Der Weizen wird gemahlen, und das

Mehl wird raffiniert. Hefe und andere Zutaten werden hinzugefügt, und der Teig wird gebacken, um daraus das fertige Brot zu erhalten. Dann wird die Scheibe Brot nochmals erhitzt. Die Butter wird aus Kuhmilch gewonnen. Vielleicht sehen Sie Kuhmilch als natürliche Nahrung an. Das ist sie durchaus, aber nur für Kälber. Diese Milch wird dann pasteurisiert, homogenisiert und erhitzt, dann wird sie zu Butter verarbeitet. Die Butter wird gekühlt, damit sie nicht ranzig wird. Die Marmelade besteht aus verarbeiteten Früchten, die mit Zucker gekocht wurden, der wiederum raffiniert und verarbeitet ist. Das ist doch für einen einzigen kleinen Imbiß eine unglaubliche Abweichung vom Natürlichen.

Vielleicht denken Sie sich – na und? Jegliche Weiterverarbeitung erhöht die Qualität der Nahrung! Tut sie das? Oder ist das die »Expertenfalle«? Wurde dadurch nährstoffreiche Nahrung in Abfall verwandelt? Das werden wir uns später noch anschauen. Ich stelle in diesem Moment nur fest: Obwohl uns die Natur mit einer Vielfalt an natürlicher Nahrung in natürlichem Zustand versorgt, sollten Sie doch nur einmal überlegen, welche Nahrung Sie in den letzten Tagen zu sich genommen haben. Fragen Sie sich, wieviel davon natürlich war. Vielleicht stellen Sie auch fest, daß Sie kaum ein Nahrungsmittel in seinem natürlichen Zustand gegessen haben.

Wir teilen die verschiedenen Lebewesen gerne in Fleischfresser, Pflanzenfresser und Allesfresser ein. Einige Tiere, wie z. B. Ziegen, haben ebenfalls eine Konstitution, die ihnen erlaubt, beinahe alles zu fressen. Der Mensch, oder genauer gesagt der Mensch in der westlichen Gesellschaft, aber ist das Lebewesen, das bei weitem die größte Vielfalt in der Ernährung hat. Das liegt daran, daß er eine größere Vielfalt an Nahrung entdeckt, gefangen, angebaut, haltbar gemacht, gelagert, gekocht, gewürzt, raffiniert und kombiniert hat als alle anderen Spezies zusammen. Eine Ziege hat vielleicht die bessere Voraussetzung, um Nahrung, wie z. B. Kaviar, zu verdauen, nur bekommt sie dazu vermutlich selten die Gelegenheit.

Der westliche Mensch ist in der glücklichen Lage, an der Spitze der Nahrungskette zu stehen und aus einer unglaublichen Vielfalt von köstlicher und hochwertiger Nahrung auswählen zu können. Zweifelsohne mußten Termiten lernen, Holz zu fressen, entweder weil kein anderes Lebewesen es mochte, oder weil keines den entsprechenden Magen hatte, um es verdauen zu können. Ich möchte, daß Sie sich auf diesen letzten Satz konzentrieren. Genauso wie die Evolution schrittweise die äußeren physischen Merkmale verschiedener Lebewesen veränderte, damit sie dadurch besser ihre Nahrung entdecken, erreichen oder fangen konnten, genauso mußten sich auch die weit komplizierteren inneren biochemischen und physikalischen Prozesse – das Verdauen der Nahrung, die Auswahl und die Gewinnung von lebenswichtigen Nährstoffen, die Verteilung der Energie an die nötigen Stellen und das Ausscheiden der Abfallstoffe – ändern und sich an die veränderte Nahrung anpassen.

Ziegen sind bekannt für ihre starke Konstitution. Aber was die Vielfalt bei der Nahrungsaufnahme betrifft, befindet sich der Mensch in einer eigenen Kategorie. Andere Allesfresser essen normalerweise nur eine der vielfältigen Nahrungsmöglichkeiten während einer Mahlzeit. Wir essen nicht nur eine Vielzahl von Gängen während jeder Mahlzeit, sondern jeder Gang besteht auch noch aus einer Menge verschiedener Nahrungsarten, dazu Soßen und Gewürzen. In Wirklichkeit enthält jeder Bissen viele verschiedene Arten von Nahrung. Wenn wir diesen Bissen dann hinuntergeschluckt haben, ist er nicht mehr unser Problem, denn unser Verdauungssystem arbeitet automatisch. Unser Verdauungssystem ist damit immer klargekommen, also, warum sollten wir damit nicht weitermachen?

Stellen Sie sich vor, Sie fahren mit Ihrem Auto, Ihnen geht

das Benzin aus, und ich sage zu Ihnen: Einen Moment mal. Ihr Auto fährt doch mit einem Benzin-Luft-Gemisch. Sie haben hinten im Kofferraum einen Plastikkorb. Ich weiß zufällig, daß Plastik auch ein Nebenprodukt von Rohöl ist, genauso wie Benzin. Wenn wir den Korb in kleine Stücke schneiden und diese in den Benzintank geben, dann noch ein bißchen Luft hineinblasen, dann haben wir das Problem gelöst. Würden Sie mich für ein Genie oder einen Kandidaten für das Irrenhaus halten? Jeder weiß, daß das Unsinn wäre. Aber es ist genau das, was die meisten von uns gewohnheitsmäßig ihr Leben lang ihrem Körper antun. Ich bezeichne das im folgenden als das

Plastikkorb-Syndrom.

14
Das Plastikkorb-Syndrom

Unsere Autos sind teure Maschinen. Wir sind beim kleinsten Anzeichen von Störungen schon beunruhigt. Und doch behandeln wir unseren wertvollsten Besitz, das Gefährt, von dem die Länge und Qualität unseres Lebens abhängt, eher wie einen Mülleimer. Durch die Gefährdung ihrer begrenzten Nahrung droht Koalas und Pandas heute die Ausrottung, daraus folgt aber nicht notwendigerweise, daß eine große Vielfalt an Nahrung das Überleben garantiert. Ganz im Gegenteil, diese unglaubliche Vielfalt ist der Grund für den frühzeitigen Tod von Millionen von Menschen.

Naiverweise kategorisieren wir alles, was wir essen, als Nahrung oder Gift. Ist es Nahrung, dann fühlen wir uns berechtigt, sie zu essen, ohne jegliche Rücksicht, ob unser Körper sie verdauen, Nährstoffe gewinnen oder Abfallprodukte ausscheiden kann.

Vielleicht empfinden Sie das Plastikkorb-Syndrom als übertrieben. Ich versichere Ihnen, das ist es nicht. Unser Verdauungssystem ist sehr kompliziert und hochentwickelt.

Der Prozeß beginnt bereits, bevor wir das Essen in den Mund nehmen. Zuerst bereiten wir unser Essen zu, indem wir die nicht eßbaren Teile entfernen und es kochen, um es besser verdaulich zu machen. Die Menschen haben dazu im Laufe der Jahre eine Menge von Sprichwörtern und Redewendungen entwickelt, wie z. B., man soll immer nur so viel abbeißen, wie man kauen kann. Das scheint nur zu offensichtlich zu sein, aber warum? Wir können ein großes Stück Essen schlucken, ohne es zu kauen. Klar wird es, wenn man ungenügendes Kauen mit Verstopfung oder Magenverstimmung in Zusammenhang bringt. Diese Erkenntnis hat dazu geführt, daß man jeden Bissen 30mal kauen soll. Haben Sie jemals versucht, einen Bissen Banane 30mal zu kauen?

Wenn wir Essen kauen, dann wird es mit Speichel vermischt, der auch eine wichtige Rolle bei der Verdauung spielt. Die Mischung wird dann geschluckt und gelangt in den Magen, wo sie durch Verdauungssäfte weiter aufgespalten wird. Die Magensäfte sind je nach Nahrungsart unterschiedlich, genauso wie die Zeit und Energie für die Verdauung je nach Nahrungsart variiert. Ob nun richtig verdaut oder nicht, die Nahrung wird in den Darm befördert. Und erst in dieser Phase können lebenswichtige Stoffe entzogen werden – vorausgesetzt, die Nahrung wurde richtig verdaut –, und dann kann der Vorgang des Verteilens dieser Stoffe und das Ausscheiden der Abfallprodukte beginnen.

Bezeichnenderweise sind es die sogenannten Experten, die das Plastikkorb-Syndrom erzeugt haben. Wir haben gelernt, daß wir von klein auf Proteine und Kalzium brauchen, um kräftige und gesunde Muskeln, Knochen und Zähne zu bekommen. Wie bekommen wir am besten Proteine? Es ist so offensichtlich – durch Essen von Fleisch. Also essen wir Rinder. Aber ist es wirklich so offensichtlich? Woher haben die Rinder ihr Protein? Kühe sind Vegetarier. Welches sind die größten auf dem Land lebenden Tiere? Elefanten, Giraffen, Flußpferde, Nashörner, Pferde, Ochsen, Gorillas, etc. – alles Pflanzenfresser. Wenn uns sogenannte Experten also empfehlen, Fleisch zu essen, um Proteine zu bekommen, dann ist die logische Konsequenz, uns zu empfehlen, Knochen und Zähne zu essen, um Eisen und Kalzium zu bekommen. Oder, um noch einen Schritt weiterzugehen, warum essen wir nicht gleich Eisenspäne und Kreide? Das wäre offensichtlich grotesk. Also raten uns die sogenannten Experten, Käse zu essen und Milch zu trinken, um dieses lebensnotwendige Kalzium zu erhalten. Das ist genauso grotesk, aber nicht so offensichtlich. Welches Tier hat die größten Zähne? Stimmen Sie mir zu, daß die Stoßzähne eines Elefantenbullen größer sind als alle Zähne, die Sie jemals gesehen haben? Ist Ihnen klar, wieviel Liter Milch und wie viele Pfund Käse so ein Elefant fressen muß, um solche riesigen Zähne zu bekommen und zu behalten? Absolut null! Ein Elefant erhält seine gesamte Energie, Kraft und unglaubliche Stärke nur durch das Fressen von Pflanzen.

Das Plastikkorb-Syndrom zu verstehen ist eines der wichtigsten Elemente von ALLEN CARR'S EASYWAY®. Wenn Ihnen das nächste Mal ein sogenannter Experte rät, ein bestimmtes Nahrungsmittel oder eine bestimmte Tablette zu sich zu nehmen, weil sie die Vitamine und Nährstoffe enthalten, die Ihnen fehlen, dann denken Sie an den Plastikkorb im Benzintank. Unser Verdauungssystem arbeitet so nicht. Der Vergaser im Auto ist ein hochentwickeltes Motorenteil, das ein Gemisch aus Benzin und Luft in Kraftstoff verwandelt. Dazu benötigt er die richtige Benzinqualität, das speziell dafür geschaffene Benzin. Unser Verdauungssystem ist unendlich komplizierter und höher entwickelt als ein Vergaser. Die Natur hat spezielle Nahrungsgruppen für alle Lebewesen auf der Erde geschaffen, und wenn wir diese ignorieren oder daran herumpfuschen, bevor wir sie essen, wie können wir dann erwarten, gesund und voller Energie zu bleiben?

Vielleicht machen Sie sich über Vitaminmangel Sorgen, über die Ausgewogenheit Ihrer Ernährung oder Kalorien. Doch das alles sind vom zivilisierten Menschen erzeugte Probleme, weil wir nicht mehr naturgemäß leben. Denn – Leben hat es auf der Erde Millionen Jahre ohne diese Probleme gegeben. Wildlebende Tiere überleben heute ohne sie.

Mir ist klar, daß es nicht leicht ist, den Rat eines Ernährungsfachmanns oder Arztes zu ignorieren, der dank seiner Ausbildung die Funktionsweise des menschlichen Körpers versteht. Denken Sie aber an die vierte Anweisung, *die Expertenfalle*. Wenn Ihnen ein Experte einen Rat gibt, der Ihrem gesunden Menschenverstand widerspricht, könnte er Ihnen genausogut sagen, daß Sie einen Plastikkorb tanken sollen.

Vielleicht denken Sie, daß wildlebende Tiere keinen »gesunden Menschenverstand« haben und auch nicht wissen, wie ihr Verdauungssystem funktioniert. Trotzdem scheinen sie eine Vielzahl von Nahrungsmitteln ohne schädliche Auswirkungen zu sich nehmen zu können. Warum also können wir das nicht? Genau das ist der Punkt, auf den ich hinauswill. Wir müssen auch nicht wissen, wie unsere Autos genau funktionieren. Wir müssen nur die Anleitung des Herstellers befolgen. Wildlebende Tiere müssen nicht wissen, wie ihr Verdauungssystem funktioniert. In gewisser Weise haben sie Glück – sie haben nicht die Intelligenz, um der Anleitung des Herstellers zu widersprechen. Sie essen einfach die Nahrungsmittel, die die Natur ihnen vorgibt. Unser Problem ist, daß wir durch Gehirnwäsche glauben, der Mensch sei der Experte fürs Essen und nicht die Natur. Wir haben unserer Intelligenz erlaubt, sich in die natürlichen Instinkte einzumischen, ja sogar an ihre Stelle zu treten.

Der einzige Grund, warum Sie das Verdauungssystem jetzt verstehen müssen, ist, damit Sie erkennen, wie unsinnig das Nichtbefolgen der Richtlinien der Natur ist und welche Auswirkungen es hat, wenn Sie diese weiterhin ignorieren.

Als Kettenraucher hat mich das Lungenkrebs-Risiko nicht zum Aufhören gebracht. Ich hatte die Einstellung: Alles oder nichts, und wenn du Glück hast, passiert dir nichts. Ich bin davon überzeugt, ich hätte sofort aufgehört, wenn ich die Auswirkungen des Rauchens im Inneren meines Körpers hätte sehen können. Ich spreche jetzt nicht vom Schatten auf der Lunge, sondern vom Verdicken meines Blutes, der fortschreitenden Verengung meiner Blutgefäße, der unglaublichen Belastung für mein armes Herz, wie es sich tapfer bemüht hat, dieses immer dicker werdende Blut durch immer enger werdende Öffnungen in meinen Arterien und Venen zu pumpen, ohne auch nur einen einzigen Schlag auszusetzen, geschweige denn einmal einen Tag Urlaub zu haben.

Ich bin sehr dankbar, daß der menschliche Körper so eine unglaubliche Stärke besitzt und daß ich diese ihm auferlegte Bestrafung überlebt habe. Ich hätte meinen Körper jedoch niemals dieser Tortur unterzogen, hätte ich die geringste Ahnung von dem unglaublichen Streß gehabt, dem ich ihn aussetzte. Ich hätte ihm keinen Vorwurf machen können, wenn er sich irgendwann in meinem Leben gewehrt und gesagt hätte: Schau! Das hier soll eine Partnerschaft sein? Wenn es dir egal ist, was mit dir passiert, warum soll ich mir dann weiterhin Mühe geben und ständig mit dem Kopf gegen die Wand rennen? Wenn Sie sich einen Rolls Royce leisten könnten, würden Sie dann erwarten, daß Ihr Mechaniker sich Mühe gibt, wenn Sie dauernd Salzsäure über den Wagen gießen? Was bedeutet das? Sie haben keinen Rolls Royce? Sie besitzen eine Maschine, die millionenfach wertvoller und höher entwickelt ist als ein Rolls Royce:

Ihren Körper.

Die meiste Zeit meines Lebens hatte ich bezüglich meiner Eßgewohnheiten die gleiche Vogel-Strauß-Kopf-in-den-Sand-Mentalität, die ich beim Rauchen hatte. Ich litt an der gleichen Illusion, daß ich zwar ein Opfer hinsichtlich der Länge meines Lebens bringen müßte, aber das Leben doch angenehmer sei. Es ist schwer, sich vorzustellen, daß ein Leben mit Übergewicht, Trägheit und Kurzatmigkeit, mit ständigen Verdauungsproblemen und Verstopfung, einem permanenten Schuld- und Verlustgefühl schöner sein könnte.

Die einzige Rechtfertigung für mich ist, wie beim Rauchen, daß ich dachte, keine andere Wahl zu haben – und wenn man keine Wahl hat, dann macht man das Beste daraus.

Glücklicherweise hat man aber sowohl beim Rauchen als auch beim Essen eine Wahl. Ich bedaure nur, daß es in beiden Fällen so lange gedauert hat, bis ich der Falschinformation, mit der mich die Gesellschaft so effektiv indoktriniert hatte, etwas entgegensetzen konnte.

Es ist unglaublich, wie pingelig wir mit den Flüssigkeiten sind, die wir in unser Auto füllen, und doch behandeln wir unsere Körper wie große Abfalleimer. Wir schaufeln jede Menge aller möglichen Nahrungsmittel in allen möglichen Kombinationen auf der einen Seite hinein und überlassen es unserem Körper, damit fertigzuwerden, ohne nur den geringsten Gedanken daran zu verschwenden, welchen Streß wir dem Körper auferlegen. Meine Einstellung war: So weit, so gut – genau der gleiche Kommentar, den ein Mann von sich gegeben haben soll, während er beim Sprung vom Wolkenkratzer am zehnten Stock vorbeiflog.

Da ich jetzt einiges Wissen über Verdauungsprozesse habe, wundert es mich fast, daß ich *nur* Verdauungsprobleme und Verstopfung hatte und daß mein Körper diese scheinbar unlösbare Aufgabe überlebt hat, die ich ihm fünfzig Jahre lang jeden Tag auferlegt hatte. Der menschliche Körper ist wirklich eine unglaubliche Maschine! Warum strengen wir uns so an und machen ihm das Leben so schwer? Schließlich hängt die Länge und Qualität unseres Lebens davon ab. Wir müssen mit unserem Körper in Harmonie sein, und um das zu erreichen, müssen wir seine natürlichen Funktionen unterstützen, anstatt ihnen entgegenzuwirken. Und dazu müssen wir ein paar Grundlagen über die Funktionsweise des Systems wissen.

Hört es sich bevormundend oder von oben herab an, wenn ich Ihnen erzähle, daß Ihr Körper Ihr wichtigstes Gut ist? Sie wissen das genausogut wie ich! Warum verwenden wir für den

Schutz unseres Autos so viel Mühe und Geld? Wir würden keine Salzsäure darüberkippen. Warum vergiften und strafen wir aber täglich unser wertvollstes Gut? Tun wir das wirklich aus Dummheit, oder ist es nicht zutreffender, daß wir es aus Ignoranz und Unkenntnis tun? Bei unserem Auto haben wir eine Bedienungsanleitung und wissen genau, was wir tun müssen, aber unsere Eßgewohnheiten sind zusammengewürfelt aus Tradition, Ignoranz, Kommerz, Werbung, Bequemlichkeit, Widerspruch und Unkenntnis. Wir haben nicht nur eine Bedienungsanleitung, sondern Tausende.

Kennen Sie das schöne Gefühl, mit einem schnellen neuen Rasenmäher den Rasen zu mähen? Die Klingen schneiden das Gras sauber und mühelos. Manchmal trifft die Klinge auf einen Stein, den man übersehen hat. Das ist der gleiche Effekt, wie wenn man beim Schalten den Gang nicht richtig trifft. Wir wissen, daß ein Rasenmäher nicht dazu gemacht ist, Steine zu schneiden, und achten darauf, keinen zu erwischen.

Fangen Sie an, Ihren Körper als eine Maschine zu sehen, die auf eine Vielzahl von Funktionen ausgelegt ist. Eine der wichtigsten Funktionen ist die Verdauung. Wir essen, damit wir Energie bzw. Kraftstoff zum Betrieb dieser Maschine bekommen. Im Gegensatz zum Auto ist Ihr Körper eine sich selbst reparierende und erhaltende Maschine, und er benötigt eine Vielzahl von lebenswichtigen Stoffen, um die täglich absterbenden Zellen zu erneuern. Diese Stoffe werden durch unsere Nahrung geliefert.

Alle Eltern haben mindestens einmal in ihrem Leben den Schrecken erlebt, daß ihr Baby oder Kleinkind eine Münze, eine Sicherheitsnadel oder ein gleichermaßen unverdauliches Objekt verschluckt hat. Geht das normalerweise tödlich aus oder erfordert es eine große Operation? Nein, normalerweise wird das Objekt auf wundersame Weise ein paar Tage später am anderen Ende ausgeschieden, und sowohl das Baby als auch der Fremdkörper sind unbeschadet.

Unser Körper ist wirklich ein Wunder. Er kann mit solchen Ausnahmen umgehen, genauso wie der Rasenmäher mit einem gelegentlichen Stein. Aber was glauben Sie, wie lange Ihr Rasenmäher halten würde, wenn Sie versuchten, einen Kiesweg zu mähen?

Allein der Gedanke ist schon abwegig. Aber genau das ist es, was der größte Teil der westlichen Gesellschaft der wertvollsten Maschine antut, die sie besitzt – *jeden Tag im Leben*!

Die Prinzipien für einen effizienten Betrieb unseres Verdauungssystems sind die gleichen wie für jeden anderen erfolgreichen Produktionsablauf. Eine regelmäßige und richtig dosierte Zufuhr der erforderlichen Rohstoffe, eine reibungslose Verarbeitung und Verteilung der Produkt- und Abfallstoffe, ohne mangelnden Nachschub, Überbelastung, ohne Blockieren oder Ausfall in irgendeiner Phase der Verarbeitung.

Lassen Sie uns noch mehr darüber herausfinden, wie die Anleitung der Natur funktioniert. Haben Sie sich jemals gefragt:

Wie unterscheiden wildlebende Tiere zwischen Nahrung und Gift?

15
Wie unterscheiden Tiere zwischen Nahrung und Gift?

Ich sagte bereits, daß wildlebende Tiere instinktiv den Unterschied zwischen Nahrung und Gift erkennen. Haben Sie sich jemals gefragt, wie sie das machen? Für uns ist es schließlich einfach, wir sind intelligente Menschen. Wir passen auf, daß wir unseren Kindern kein Gift zu essen geben, und wenn wir vernünftig sind, entfernen wir alle Gifte aus ihrer Reichweite. Uns wird beigebracht, was Nahrung und was Gift ist. Aber woher wissen das wildlebende Tiere?

Versetzen Sie sich einen Moment in die Lage des Schöpfers. Sie haben die Vielfalt der Arten geschaffen. Wie verhindern Sie, daß sie sich nicht alle vergiften? Jede Art hat spezielle Verdauungssysteme zur Verarbeitung von spezieller Nahrung erhalten. Wie stellen Sie sicher, daß sie genau das essen, was am besten zu ihnen paßt?

Eine Möglichkeit wäre, ihnen Sinne zu geben. Sie könnten ihnen den Sehsinn geben: Das sieht wie Essen aus. Oder den Tastsinn: Das sieht wie Essen aus, aber fühlt sich an wie ein Stein. Sie könnten ihnen einen Geschmacks- und Geruchssinn geben: Wenn es ekelhaft riecht und schmeckt, dann ist es Gift. Wenn es gut riecht und schmeckt, dann ist es Nahrung. Und wenn es hervorragend riecht und schmeckt, dann ist es die richtige Nahrung für mich.

Klingt so ein System vernünftig? Natürlich, denn es ist so offensichtlich. Warum hat also Murphy's Gesetz sich wieder gezeigt? Warum hat unser Schöpfer alle Dinge, die so schlecht für uns sind, wie z. B. Rauchen, Alkohol, saftige Steaks, Sahne und exotische Süßigkeiten, für uns so angenehm gemacht? Warum hat er die Dinge, die schlecht für uns sind, nicht mit einem ekelhaften Geschmack und die, die gut für uns sind, mit einem köstlichen Geschmack versehen? Ich habe sehr gute Neuigkeiten für Sie:

Genau das hat er getan!

Nur der Einfluß von Menschen läßt uns glauben, daß es ein wirklicher Genuß sei, wenn man sich Nikotin, Alkohol oder Junk Food zuführt. Die gute Nachricht ist:

Die Nahrung, die am besten schmeckt, ist die beste für Sie.

Denken Sie daran, das ist der einzige Grund für die Existenz des Geschmackssinns – dadurch wissen wildlebende Tiere, was sie essen können. Welche intelligentere oder einfachere Richtlinie könnte es geben?

Haben Sie schon mal bei einer Hauskatze bemerkt, wie sie zuerst am Futter schnüffelt, es dann behutsam mit der Nase berührt und dann erst mal ein winzig kleines Stückchen probiert, bevor sie entweder den Rest hinunterschlingt oder mit hocherhobener Nase davongeht, als ob Sie ihr Gift füttern würden? Ihre Undankbarkeit hat mich immer wütend gemacht. Schließlich war es nicht einmal unsere eigene Katze. Sie streunte, als sie eines Tages geradewegs in unser Haus kam und beschloß, daß es ihren Ansprüchen genügte, bis sie etwas Besseres gefunden hatte. Hat sie nicht bemerkt, daß ich ihr das beste und teuerste Katzenfutter kaufte? Die Katzenfutterhersteller und ich sind schließlich weit intelligenter und wissen also auch besser als sie, welches Futter gut für sie ist.

Wie dumm ich war! Zu glauben, daß der Futterhersteller und ich besser als meine Katze über ihre Lieblingsnahrung

Bescheid wüßten, ist genauso logisch wie ein Mann, egal für wie qualifiziert er sich auch hält, der einer Frau Ratschläge über die beste Position bei der Geburt gibt.

Tatsache ist, daß das System des Schöpfers so entwickelt ist, daß wir gar kein Haltbarkeitsdatum auf Nahrungsmittel schreiben müßten. Wenn natürliche Nahrung anfängt zu verrotten, dann wird sie unansehnlich, riecht und schmeckt schlecht. Ein verfaulter Apfel ist dafür ein klassisches Beispiel.

Ich bin nicht klug genug, um zu sehen, wie der Schöpfer die kleinen Einzelheiten fertiggebracht hat. Tatsache ist, daß ich so dumm bin, daß ich fünfzig Jahre auf dieser Erde verbracht habe, bevor mir das Problem überhaupt dämmerte, geschweige denn, bevor ich es gelöst hätte. Wie erkennen wildlebende Tiere den Unterschied zwischen Nahrung und Gift? Ich glaube, hätte mein selbstgefälliger, intelligenter und gebildeter Verstand mich nicht daran gehindert, diese Frage zu stellen, dann wäre die Antwort ganz einfach und klar gewesen:

Nahrung riecht und schmeckt gut!
Gift riecht und schmeckt schlecht!

Geschmack ist der wichtigste Hinweis auf die richtige Nahrung, die wir essen sollten. Geruch ist sehr eng mit Geschmack verbunden. Jeder gute Koch weiß, daß auch das Aussehen und die Beschaffenheit wichtig sind. Ich finde, daß eine Banane, wenn sie überreif ist, immer noch gut schmeckt und riecht, aber der Effekt wird durch das braune Aussehen und die weiche Beschaffenheit getrübt. Selbst der fünfte Sinn – das Hören – kann in die Gleichung einbezogen werden. Ich liebe das Geräusch, wenn Schinken gebraten wird. Den Geruch finde ich noch köstlicher. Er schmeckt jedoch salzig und sieht auch nicht gerade schön aus, weil er entweder in Fett schwimmt oder ich das knusprige Aussehen als unverdaulich empfinde – und danach habe ich immer Verdauungsprobleme.

Damit eine Nahrung akzeptabel ist, muß sie nicht immer allen Sinnen entsprechen. Aber wenn einer Ihrer Sinne dagegen ist – Achtung! Seien Sie besonders vorsichtig bei jeglichen Substanzen, die möglicherweise gut riechen, aber schrecklich schmecken, wie z. B. Tabak oder Kaffee. Das ist normalerweise das Zeichen für die Kombination aus süchtig machender Droge und Gift. Obwohl Geruch und Geschmack eng miteinander verbunden sind, glauben Sie nicht, daß Sie mit dem Geruch auch automatisch den Geschmack mögen. Versuchen Sie einmal Ihr Lieblingsparfüm zu trinken. Wenn ich darüber nachdenke – tun Sie's lieber nicht!

Genauso wie uns die Bedienungsanleitung ganz klar die Benzinqualität fürs Auto vorschreibt, genauso sagen uns unsere Sinne, welche Art Nahrung wir essen sollen; und vorausgesetzt, es besteht keine Störung, dann gibt es auch kein Problem. Es ist gleichgültig, ob Sie es Instinkt oder Intuition nennen. Es wird dann angewandt, wenn Ihr logischer Verstand zu einer Schlußfolgerung kommt, aber Ihr Instinkt dieser Schlußfolgerung widerspricht. Denken Sie daran, Ihr Instinkt ist das Ergebnis von drei Milliarden Jahren Experimentieren, und denken Sie auch daran, daß wildlebende Tiere diese Probleme nicht haben, weil sie keine Logik besitzen und sich auf ihre Instinkte verlassen. Was wäre logischer?

Genau deshalb werden Sie ALLEN CARR'S EASYWAY® leicht anwenden können, weil es zum ersten Mal in Ihrem Leben beim Nachdenken über Gewichtsprobleme keinen Widerspruch zwischen Ihrem logischen Verstand und Ihren Instinkten gibt. Die Methode erklärt, warum Logik und Instinkt in perfekter Harmonie sind, und hebt den Zwiespalt auf, unter dem wir bei Gewichtsproblemen leiden. Die Unsicherheit, die Zweifel und die Orientierungslosigkeit werden ausgeräumt, weil Sie erkennen, daß Nahrung, die dazu geschaffen wurde, Sie fit und gesund zu machen, zufällig auch am besten schmeckt. Sie leiden dann nicht mehr länger unter dem Dilemma, ein Verlangen nach genau den Nahrungsmitteln zu haben, die die schädlichsten für Sie sind.

Ich erwarte zu diesem Zeitpunkt noch nicht, daß Sie verstehen, warum die Nahrungsmittel, die am besten schmecken, auch die besten für Sie sind. Wie der Genuß beim Tabak ist jedoch auch der Glaube, daß schädliche Nahrungsmittel gut schmecken würden, eine geschickte Illusion. Aber wir müssen erst laufen lernen, bevor wir rennen können, und genauso müssen Sie zuerst mehr von der Funktionsweise der Bedienungsanleitung verstehen. Ich werde erklären, wie diese Illusion entstanden ist und wie man sie korrigieren kann. In der Zwischenzeit bitte ich Sie, einfach einmal zu glauben, daß die Nahrungsmittel, die am besten schmecken, auch die besten für Sie sind. Das ist die Bedienungsanleitung der Natur, und das ist auch der Grund, warum wildlebende Tiere nicht unter Gewichtsproblemen leiden.

Ich habe noch nicht die idealen Nahrungsgruppen für die menschliche Rasse bestimmt, aber bereits die Prinzipien erklärt, die bei der Nahrungsauswahl eine Rolle spielen. Aber

woher wissen wir, wann wir essen und wann wir damit aufhören sollen?

16
Woher wissen wir, wann wir essen und wann wir damit aufhören sollen?

Wie lösen Autohersteller das Problem? Sie bauen eine Tankanzeige ein und zusätzlich komplizierte Teile wie rote Warnlämpchen, die aufleuchten, wenn das Benzin zur Neige geht, oder einen Fühler am Zapfhahn, der abschaltet, wenn der Tank voll ist.

Wie löst die Natur das Problem? Versetzen wir uns einen Moment in die Rolle des Schöpfers. Er hat die Vielfalt der Arten geschaffen. Indem er ihnen die fünf Sinne gab, sorgten diese dafür, daß sie sich nicht vergiften. Aber wie stellt er sicher, daß sie überhaupt essen? Denn jedes Lebewesen, das nicht genügend und regelmäßig Nahrung zu sich nimmt, wird sterben. Für Menschen ist es leicht – unsere Eltern sorgen dafür, daß wir essen, und wenn wir größer werden, verstehen wir, daß wir essen müssen, um zu leben. Alles, was wir dafür tun müssen, ist, einmal pro Woche in den Supermarkt zu fahren, das Essen aus dem Kühlschrank zu nehmen und es in die Mikrowelle zu stecken. Aber für die meisten wildlebenden Tiere ist die Nahrungsbeschaffung ein überaus mühsamer und gefährlicher Zeitvertreib, der manchmal stunden- oder tagelange Geduld erfordert, ermüdet und frustriert und oft genug damit endet, daß das Tier selbst zur Mahlzeit wird anstatt eine zu bekommen. Wie würden Sie es anstellen, daß alle wildlebenden Tiere regelmäßig essen?

Die Antwort ist einfach. Sie rüsten jedes einzelne mit einem genialen Mechanismus namens HUNGER aus. Deshalb wissen wildlebende Tiere, wann sie essen müssen: wenn sie sich hungrig fühlen. Und deshalb wissen sie auch, wann sie mit dem Essen aufhören müssen: wenn sie sich nicht mehr hungrig fühlen.

Die Lösung mag einfach sein, aber das sollte uns nicht von der Genialität dieses Mechanismus ablenken. Wir neigen dazu, Hunger als ein ziemlich unangenehmes Gefühl anzusehen, ganz besonders, wenn wir schon seit Jahren gegen überschüssige Pfunde kämpfen. Realität ist, daß Hunger uns in unserem Leben mehr Stunden des Vergnügens bereiten sollte als jegliche andere Aktivität.

Warum nenne ich Hunger einen genialen Mechanismus? Hungrig zu sein ist nicht gerade ein besonders wünschenswerter Zustand. Wenn Sie in der Dritten Welt leben und verhungern, dann stimme ich dem voll und ganz zu. Selbst dann ist der Hunger nicht das wirkliche Übel – Hunger sagt einem nur, daß man Nahrung braucht, weil man sonst stirbt. Das wirkliche Übel ist die Unfähigkeit, den Hunger zu stillen.

Können Sie sich daran erinnern, wann Sie das letzte Mal wirklich hungrig waren? Wenn Sie nicht einem Glauben angehören, in dem regelmäßiges Fasten praktiziert wird, war es wahrscheinlich, als Sie das letzte Mal eine Diät machten. Wie lange haben Sie es ohne Essen ausgehalten? Einen Monat, eine Woche, einen Tag? Gut, vielleicht waren Sie niemals in Gefahr zu verhungern; aber selbst wenn, wieso bezeichne ich Hunger als ein Gefühl, das Vergnügen bereiten sollte?

Betrachten wir Hunger einmal genauer. Was ist Hunger? Er funktioniert ähnlich wie eine Tankuhr. Wenn wir Energie verbrennen und Abermilliarden von Zellen absterben und sich wieder neu bilden, dann müssen unsere Vorräte an Kraftstoff und Betriebsmitteln wieder aufgefüllt werden. Genauso wie wir unmittelbar nach dem Tanken nicht mehr auf die Tankuhr achten, sind auch nach einem Essen unsere Lager wieder aufgefüllt, und wir fühlen uns eine Weile lang nicht mehr hungrig.

Nehmen Sie mich als Beispiel. Mit der Ausnahme, daß ich jetzt immer frühstücke, sind meine Eßgewohnheiten noch die gleichen, wie ich sie als Raucher hatte. Nach dem Frühstück esse ich bis zum Abend nichts mehr, und das ist normalerweise bis 18 Uhr. Vielleicht denken Sie jetzt, daß ich Ihnen rate, auch nur noch zwei Mahlzeiten am Tag zu essen. Nein – denken Sie daran, es gibt keine Einschränkungen. Ich esse zwei Mahlzeiten am Tag, nicht aus Gründen der Willenskraft und Disziplin, sondern weil es am besten zu meinem Tagesablauf paßt. Ich fände es unpraktisch, meinen Arbeitsfluß zu unterbrechen. Hunger ist nun der Weg der Natur zu sagen: Du mußt wieder Energie und Nährstoffe tanken. Ganz offensichtlich werden diese Lager vom Frühstück bis zum Abendessen langsam abgebaut, und doch bin ich mir eines Hungergefühls nicht bewußt – ich erfahre dadurch keinerlei Störung. Ganz im Gegenteil, wie ich bereits sagte, ich fände es unpraktisch, während des Tages zu essen. Ich erwarte nicht, daß Sie die gleiche Vorgehensweise wählen. Erinnern Sie sich noch einmal an meine Behauptung: Ich mache keinerlei Einschränkungen! Ich sage nur, daß *ich* mir in der Zwischenzeit eines Hungergefühls nicht bewußt bin.

Wenn ich jedoch Gelegenheit habe und während des Tages ausgehe und mir dann der Geruch von Essen in die Nase steigt – oder wenn ich lange arbeite und mir der Geruch einer kulinarischen Köstlichkeit aus der Küche entgegenströmt –, dann löst dieser permanente allmähliche Abbau im Körper das blinkende, rote Warnlicht in meinem Kopf aus: *Du hast Hunger – du mußt etwas essen!* Das ist der Grund, warum Hunger ein so guter und genialer Mechanismus ist. Wenn wir den Anweisungen der Natur folgen, gibt es keine Probleme. Am Anfang sind wir uns des Hungers nicht einmal bewußt. Und wenn wir uns dessen bewußt werden, vorausgesetzt, wir können den Hunger stillen, dann können wir dieses unglaubliche Vergnügen genießen, das das Stillen von Hunger erzeugt.

Hunger ist unendlich komplizierter als jede Tankuhr. Obwohl die meisten Tankuhren zur Sicherheit noch mit einer roten Warnlampe versehen sind – wie vielen Autofahrern ist noch nie das Benzin ausgegangen? Ich glaube, daß die meisten von uns ihren 40. Geburtstag nicht erlebt hätten, wenn ein leerer Tank den Tod bedeutet hätte.

Hören Sie auf, Hunger als etwas Schlechtes zu sehen, sondern sehen Sie ihn als den Freund, der er wirklich ist.

Genau diese Erkenntnis – daß Hunger nichts Schlechtes ist, sondern ein unglaublich genialer Mechanismus, der uns endloses Vergnügen ohne anschließende Probleme bereitet –, das war das zweite der wichtigen Indizien, die ich am Anfang angesprochen hatte. Das wurde mir erst klar, als ich die enge Verbindung zwischen dem Verlangen nach einer Zigarette und dem Hunger nach etwas zu Essen miteinander verglich. Das war der einschneidendste Beweis, weil er meine ursprüngliche Überzeugung widerlegte, daß es leicht sei, ganz mit etwas aufzuhören, aber unmöglich, zu reduzieren oder zu kontrollieren, und meine Methode somit bei Eßproblemen nicht helfen könne.

Die Wahrheit aber ist, daß meine Methode bei der Gewichtskontrolle sogar noch effektiver ist – Sie müssen nicht ganz aufhören! Sie müssen nicht reduzieren! Sie können weiterhin Ihren Hunger stillen, Ihr ganzes Leben lang. Vorausgesetzt natürlich, Sie befolgen die Richtlinien der Natur und alle meine Anweisungen.

Wenn Sie Ihren Hunger jedoch nicht gleich stillen können, dann ist er etwas Schreckliches, oder? Denken Sie einmal nach. Welche wirklichen Schmerzen erleiden Sie, wenn Sie Hunger haben? Gut, Ihr Magen knurrt vielleicht, aber das ist kein physischer Schmerz. Jegliche Störung, die Sie empfinden, ist schlichtweg psychisch. Wildlebende Tiere kriegen die Panik, wenn sie hungrig sind; das sorgt dafür, daß sie so schnell wie möglich Nahrung suchen. Aber wir können mit unserer Intelligenz die Situation umdrehen. Wenn Sie anfangen Trübsal zu blasen, weil Sie Ihren Hunger nicht sofort stillen dürfen, dann fühlen Sie sich natürlich unwohl. Aber sehen Sie die Situation einmal so, wie sie wirklich ist: Je länger Sie es ohne Essen aushalten, desto größer ist Ihr Appetit und desto schöner wird es, wenn Sie dann schließlich eine Mahlzeit zu sich nehmen.

Ich sagte, daß die Nahrung, die am besten schmeckt, zufällig auch die ist, die für Ihren Körper von größtem Vorteil ist. Es ist schwer, das zu verstehen, ohne vorher

die wichtige Verbindung zwischen Hunger und Geschmack

begriffen zu haben.

17
Die wichtige Verbindung zwischen Hunger und Geschmack

Die Franzosen werden weitestgehend als führende Experten für die Freuden des Essens betrachtet. Es ist kein Zufall, daß sie vor jeder Mahlzeit »bon appétit« sagen – nicht die Aufforderung, ein gutes Essen zu essen, sondern einen guten Appetit zu haben. Was bedeutet ein »guter Appetit«? Bedeutet es nicht wirklich: *Mensch, habe ich Hunger!*?

Ich will damit sagen, daß Sie Essen erst dann genießen können, wenn Sie Hunger haben. Vielleicht können Sie das nur schwer glauben. Viele Menschen meinen, daß Essen entweder gut schmeckt oder nicht. Machen wir einen Test. Welches ist Ihre Lieblingsspeise? Essen Sie davon nicht nur eine Portion, sondern viele. Dann wird Ihnen nicht nur schlecht, sondern Sie finden den Geschmack auch ekelhaft! Sie müssen diese Erfahrung aber gar nicht selbst machen. Haben Sie zufällig den Film »Der Unbeugsame« gesehen, in dem Paul Newman wegen einer Wette eine Unmenge gekochter Eier essen mußte? Seitdem habe ich kein gekochtes Ei mehr gegessen. Und wenn Sie auf Ihr Leben zurückblicken, werden Sie sich sicher an eine Gelegenheit erinnern, bei der es Ihnen schlecht war, weil Sie zuviel von einem reichhaltigen Essen gegessen haben.

Wenn Sie wie ich Curry-Gerichte lieben, dann wissen Sie, wie lecker sie riechen und schmecken, wenn man Hunger hat. Wenn Sie davon mehr gegessen haben, als Sie sollten, dann wissen Sie auch, daß haargenau der gleiche Geruch, der Sie noch ein paar Minuten vorher begeistert hat, schnell widerlich wird. Ich habe einmal die Hälfte eines chinesischen Gerichts im Bett gegessen; die andere Hälfte habe ich dann noch bis zum Aufwachen im Schlafzimmer stehenlassen. Danach mochte ich monatelang kein chinesisches Essen mehr.

Essen schmeckt nur dann gut, wenn man Hunger hat. Wenn Sie lange genug ohne Essen auskommen müßten, dann würde sogar eine Ratte gut schmecken. Vielleicht halten Sie das für unglaubhaft, aber jeder, der schon einmal dem Verhungern nahe war, weiß, daß es stimmt. Manchmal werden wir in solchen Momenten sogar zu Kannibalen. Glücklicherweise brauchen die meisten Menschen in der westlichen Gesellschaft dieses Prinzip nicht selbst auszuprobieren. Es gibt jedoch genügend verhungernde Menschen auf der Erde, die diese Tatsache bestätigen würden.

Im Film »Papillon« wird dies sehr klar. In der ersten Schüssel Haferschleim, die Steve McQueen auf Devil's Island bekommt, ist eine lebende Küchenschabe. Voller Ekel wirft er sie weg. Wir alle können uns mit dieser Situation identifizieren. Wir haben alle schon einmal etwas in unserem Essen gefunden, was dort nicht hingehörte; bestimmt mindestens einmal in unserem Leben. Drei Monate später versucht Steve McQueen sogar Küchenschaben zu fangen, um sie zu essen. Eine solche Situation ist schwer vorstellbar. Sie brauchen es sich auch nicht wirklich vorzustellen – verlassen Sie sich nur auf die Erfahrung von Menschen, die bereits in einer ähnlichen Situation waren. Denken Sie daran, daß der wirkliche Genuß beim Essen das Stillen des Hungers ist. Also lautet die sechste Anweisung:

Essen Sie erst, wenn Sie Hunger haben.

Essen schmeckt und riecht nur gut, wenn Sie hungrig sind!

Mir ist bewußt, daß viele von Ihnen diese Feststellung anzweifeln. Manche mögen argumentieren, daß das Ritual des Essens ein großes Vergnügen bereitet. Welch schöneren Zeitvertreib gibt es, als eine Mahlzeit in einer herrlichen Umgebung einzunehmen, in einer schönen Atmosphäre, in netter Gesellschaft? Ich stimme Ihnen zu, daß das Ritual selbst angenehm sein kann. Aber das bedeutet nicht automatisch, daß Sie das Essen selbst genießen. Ich bin einer derjenigen, die sich, wenn sie vor die Wahl gestellt werden – angenehme Gesellschaft mit schlechtem Essen oder gutes Essen in unangenehmer Gesellschaft –, immer für die angenehme Gesellschaft entscheiden. Ein Essen im Restaurant mit Freunden ist eine meiner Lieblingsbeschäftigungen, aber wenn ich ein wirklich geschmacklich tolles Essen haben will, dann esse ich zu Hause.

Weil unser Verstand durch die Gehirnwäsche nicht mehr klar die Gründe weiß, warum wir essen, versuchen wir unseren Teller bei jedem Gang einer Mahlzeit leer zu essen. Wenn Sie sich an das Prinzip halten, dann zu essen, wenn Sie Hunger haben, und damit aufzuhören, wenn Sie diesen Hunger gestillt haben, dann werden Sie jede Mahlzeit nicht nur genießen, sondern Sie werden auch keine Gewichtsprobleme mehr haben. Ich betone jedoch, hören Sie auf zu essen, wenn Sie Ihren *Hunger* gestillt haben, nicht Ihre *Freßgier*. Empfinden Sie dadurch ein Verlustgefühl? Denken Sie darüber nach. Ist das wirklich eine Einschränkung? Warum sollten Sie überhaupt essen wollen, wenn Sie nicht hungrig sind? Bekommen Sie das klar in Ihren Kopf:

Essen ist ein Genuß – Zuviel-Essen ist unangenehm.

Ich muß hier eine Pause machen, denn ich ahne Protest. Bin ich doch einer von diesen Moralaposteln, die versuchen, einem alle Freuden des Lebens zu nehmen? Will ich ernsthaft behaupten, daß es außer dem Stillen von Hunger keinen wirklichen Genuß am Essen gibt, daß es so ist, als würde man sich einfach nur zu enge Schuhe anziehen, um das Ausziehen zu genießen? Das stimmt. Aber: Das ist genaugenommen eine gute Nachricht. Eigentlich ist alles, was ich Ihnen zu sagen habe, eine gute Nachricht – denken Sie an meine Behauptung!

Enge Schuhe zu tragen ist definitiv unangenehm, aber unser Schöpfer hat es so eingerichtet, daß wir unter keinerlei Störungen leiden, solange uns der Hunger nicht bewußt ist, und wir können den wirklichen Genuß des Hungerstillens mehrmals täglich bekommen. Was ist daran so schlecht? Ich glaube, daß die Intelligenz oder das System, das uns geschaffen hat, möchte, daß wir das Leben genießen und daß wir uns selbst die Schuld geben müssen, wenn wir das nicht schaffen.

Die Verbindung zwischen Geschmack und Hunger hat einen wichtigen Einfluß auf unsere Eßgewohnheiten. Wie die meisten Dinge im Leben ist auch das ein zweischneidiges Schwert. Jedes Lebewesen, uns eingeschlossen, hat seine bestimmte Lieblingsnahrung, und solange genug davon da ist, besteht auch kein Verlangen, davon abzuweichen. Vielleicht ist das ein guter Grund, eine weitere Angst abzubauen, die normalerweise entsteht, wenn man über das Ändern seiner Eßgewohnheiten nachdenkt – die Angst davor, daß Sie einen der größten Vorteile der modernen Zivilisation nicht mehr länger genießen können, nämlich:

die unglaubliche Vielfalt an Nahrung.

18
Die unglaubliche Vielfalt an Nahrung

Einer der Vorteile der menschlichen Erfindungsgabe ist unsere Fähigkeit, eine Vielzahl von Alternativen zu schaffen, sei es beim Rauchen, Trinken oder Essen. Raucher können ihr Nikotin über Schnupftabak, Pfeife, Zigarren, Zigaretten, Nikotinkaugummi, Nikotinpflaster oder Nasensprays bekommen. Innerhalb dieser definierten Kategorien haben sie noch mehr Auswahl, sagen wir zwischen fünf verschiedenen Marken Pflastern bis hin zu 5000 verschiedenen Zigarettenmarken. Genau dasselbe trifft für Alkohol zu, es gibt buchstäblich Tausende von verschiedenen Gebräuen.

Wir betrachten diese große Vielfalt als sehr wertvoll, und doch ist es eine paradoxe Sache, daß die meisten Raucher sich nicht nur lieber für eine bestimmte Kategorie entscheiden, um ihr Nikotin zu bekommen, sondern auch noch für ein und dieselbe Marke innerhalb einer Kategorie. Das scheint ihnen nicht viel auszumachen. Ganz im Gegenteil, sie werden eher ungemütlich, wenn sie ihre gewohnte Marke nicht bekommen. Auch Trinker haben einen Lieblingsschnaps. Wahrscheinlich wurde dieser Glaube, daß die große Vielfalt an Essen absolut notwendig für unseren Genuß ist, in unserem Kopf durch das Elend der Diäten erzeugt. Aber so wie wir bei unserer gewohnten Zigarettenmarke bleiben oder bei unserem Lieblingsschnaps: Ist es beim Essen nicht genauso?

Die große Vielfalt ist mehr scheinbar als real. Nehmen Sie

mich dafür als Beispiel. Ich habe immer einen Teller Müsli gegessen. Aber ich habe jeden Tag das gleiche Müsli gegessen. Manchmal hatte ich von einem Müsli genug und habe auf ein anderes gewechselt, und dann habe ich Tag für Tag das neue gegessen. Ich hatte wirklich keine große Abwechslung, aber das machte mir nichts aus. Ich glaube, die meisten von uns sind damit glücklich, ihre Lieblingsspeise zu essen. Egal ob wir Müsli, Eier und Speck oder Marmeladebrote zum Frühstück essen – wir neigen dazu, immer dasselbe zu essen, Tag für Tag.

Auch bei anderen Mahlzeiten ist die Abwechslung in der Praxis nicht so groß, wie wir uns das immer vorstellen. Das wurde mir eines Abends klar, als ich durch die Speisekarte in meinem Lieblingsrestaurant blätterte.

An jenem Abend war im Restaurant viel los. Meine Frau und ich überlegten hin und her, was wir essen wollten. Der Chef hub an, in nüchternem Ton die Gerichte herzubeten, die wir essen würden. Offensichtlich war ihm längst klar, daß wir sowieso immer das gleiche bestellen. Diese Wahrheit wurde mir aber erst in diesem Zusammenhang ganz plötzlich bewußt! Gleichzeitig wurde mir klar, daß ich genau das gleiche in meinem chinesischen und meinem italienischen Lieblingsrestaurant mache. Ich beschäftige mich ausführlich mit der Speisekarte und bestelle dann doch immer wieder das gleiche Gericht.

Wurde uns nicht eingeredet, wir müßten für eine ausgewogene Ernährung die unterschiedlichsten Speisen zu uns nehmen, und auch wegen der Abwechslung, damit wir uns nicht langweilen? Es trifft zwar zu, daß unsere Vorlieben von vielen Faktoren beeinflußt werden, wie z. B. dem Wetter oder wieviel Hunger wir haben. Unsere Wahl kann von Tag zu Tag oder von Jahr zu Jahr unterschiedlich ausfallen; daran ist nichts verkehrt. Aber es ist auch nicht verkehrt, Mahlzeit für Mahlzeit unsere Lieblingsspeise zu essen, vorausgesetzt natürlich, daß dieses Essen die Energie und die Nährstoffe liefert, die uns gesund und glücklich erhalten. Wäre es nicht sogar ziemlich dumm, wenn Sie nicht Ihre Lieblingsspeise essen würden, wenn sie verfügbar ist?

Vielleicht denken Sie, Ihre Lieblingsspeise könnte Ihnen langweilig werden, wenn Sie sie jeden Tag essen. Kein Problem – Sie können immer zu etwas anderem wechseln, genauso wie ich gelegentlich eine neue Müslimischung gegessen habe. Ich persönlich glaube, einer der Gründe für die große Vielfalt ist, daß wir nicht unsere Lieblingsspeise, sondern Junk Food essen. Die Tierfutterhersteller bringen immer wieder neue Mischungen heraus, denen meine Katze nicht widerstehen kann. Und doch, aus irgendeinem seltsamen Grund scheint sie der Geschmack von frischer Maus oder frischem Spatz nicht zu langweilen.

Also, räumen wir ein für allemal die Vorstellung beiseite, daß ALLEN CARR'S EASYWAY® Ihre Auswahl einschränkt. Genauso wie Sie heute die Dinge essen, die Sie am liebsten mögen, sei es beim Frühstück, Mittag- oder Abendessen, egal ob Sie sie im Restaurant oder zu Hause essen, genauso werden Sie weiterhin die Speisen essen, die Ihnen am besten schmecken. Der einzige Unterschied wird sein, daß Sie dann die Nahrung essen, die Sie wirklich genießen, und nicht die dreimal so teuren Mahlzeiten, die Sie nur aufgrund der Gehirnwäsche gut finden. Und Sie essen damit auch Speisen, die Ihnen Energie geben und Lebensfreude! Das bringt mich zu einem sehr wichtigen Aspekt bei ALLEN CARR'S EASYWAY®:

die Junk-Food-Toleranz.

19
Die Junk-Food-Toleranz

Die Junk-Food-Toleranz ist die Bandbreite an denaturierter Nahrung, die wir uns erlauben können. Vorausgesetzt, sie ist verfügbar, fressen wildlebende Tiere immer ihre Lieblingsnahrung; nur ist diese nicht immer zu haben. Hätte die Natur ihre Lebewesen so programmiert, daß sie so lange nicht essen, bis das für sie beste Futter zur Verfügung steht, dann würden sie oft verhungern. Also hat die Natur einen genialen und ausfallsicheren Mechanismus geschaffen – je hungriger man ist, desto köstlicher erscheint die zweit- oder drittbeste Nahrung, die dann zumindest das Überleben garantiert.

Ich sagte bereits, das ist eine zweischneidige Sache. Nehmen wir einen Gorilla als Beispiel. Ein Gorilla frißt gerne Obst. Wenn kein Obst verfügbar ist, dann frißt er andere Pflanzen, um sich zu ernähren. Doch er bekommt trotzdem kein Übergewicht oder eine der vielen Magenkrankheiten, an denen die Menschen leiden. Das ist eine gute Nachricht für uns. Das bedeutet, daß die Natur eine gewisse Pufferzone eingerichtet hat, und vorausgesetzt, der Hauptanteil unserer Nahrung besteht aus dem, was für uns vorgesehen ist, dann können wir gewisse Mengen von Junk Food ohne schädliche Auswirkungen essen. Diese *Junk-Food-Toleranz* ist ein wichtiges Element bei ALLEN CARR'S EASYWAY® Sie bedeutet, daß es keine starren Einschränkungen gibt. Sie müssen sich niemals sagen: Ich darf dieses oder jenes nicht essen.

Ich sollte vielleicht noch erklären, daß ich das Wort Junk Food nicht in dem Sinne verwende, wie es ein Ernährungsspezialist täte, sondern im natürlichen Sinne. Es gibt nur wenige Ernährungsfachleute, die Milch oder Käse Junk Food nennen würden, aber, wie ich später noch erklären werde, genau das sind sie.

Die Gefahr bei der *Junk-Food-Toleranz* ist, daß die westliche Zivilisation eine Phase erreicht hat, in der Junk Food die normale Ernährung ist, und zwar praktisch von dem Moment an, wo wir nicht mehr gestillt werden; Gorillas und andere wildlebende Tiere hingegen kehren wieder zu ihrer Lieblingsnahrung zurück, sobald diese verfügbar ist.

Weil ich so oft von Elefanten, Gorillas und anderen wildlebenden Tiere rede, könnten Sie vielleicht meinen, Sie müßten bei Ihrem nächsten Weihnachtsessen die Rinde von den Bäumen nagen. Nein, so ist das nicht. Glücklicherweise besitzt der Mensch Erfindungsgeist. Aber von jetzt an werden wir unsere Intelligenz nicht mehr zur Verherrlichung von Junk food verwenden, sondern wir werden die natürliche Nahrung zum Nonplusultra machen.

Ich habe mich vorher auf eine paradoxe Situation bezogen – Sie essen bereits so viel von Ihrer Lieblingsspeise, wie Sie möchten, und deshalb haben Sie Übergewicht. Wenn Sie Ihre Ernährungsgewohnheiten ändern, dann können Sie nicht mehr so viel von Ihrer Lieblingsspeise essen, wie Sie wollen. Ich hatte Sie gebeten, offen und unvoreingenommen zu bleiben. Genauso wie Sie sich auch nicht auf ein Zielgewicht festlegen sollten, bitte ich Sie jetzt, Ihre Lieblingsnahrung noch nicht im voraus zu bestimmen. Betrachten wir sie einmal näher,

die Lieblingsnahrung.

20
Die Lieblingsnahrung

Ohne Zweifel hat die Natur dafür gesorgt, daß wir die für uns beste Nahrung zu uns nehmen, indem sie sie wohlschmeckend gemacht hat. Wir betrachten den Geschmack immer als feststehende Tatsache. Unterschiedliche Nahrung schmeckt entweder sehr gut oder sehr schlecht oder irgend etwas dazwischen. Wir gehen grundsätzlich davon aus, daß die Geschmäcker verschieden sind. Fragen Sie sich doch einmal, warum?

Glauben Sie, daß es Zufall ist, daß Chinesen Reis bevorzugen, Italiener Pasta und wir vielleicht Brot und Kartoffeln am liebsten haben? Glauben Sie, daß es Zufall ist, daß es »bei Muttern« stets am besten schmeckt? Oder halten Sie es für wahrscheinlicher, daß wir dazu neigen, uns an das angenehmste der verfügbaren Nahrungsmittel zu gewöhnen?

Vielleicht glauben Sie, daß Ihre Lieblingsnahrung nicht so sehr eine Frage der Auswahl als des Geschmacks ist. Wenn ein bestimmtes Essen gut schmeckt, dann genießen Sie es, wenn nicht, dann nicht. Wenn manche Nahrungsmittel gut schmecken und andere nicht, warum ändert sich unser Geschmack dann im Laufe unseres Lebens?

Ohne Zweifel sieht die Bedienungsanleitung der Natur vor, daß wir das essen, was uns am besten schmeckt. So sollte es sein. Außerdem sieht sie vor, daß wir auch »weniger gute« Nahrung akzeptieren, wenn es die optimale nicht gibt – wir würden sonst verhungern. Aber es gibt keinerlei Anhaltspunkte, daß wir uns mit dem Zweitbesten begnügen sollen, wenn das wirklich Beste verfügbar ist. Ich behaupte, daß Ihre momentane Lieblingsspeise nicht so sehr eine Frage der Auswahl oder des Geschmacks, sondern vielmehr eine Frage der Konditionierung und Gehirnwäsche ist.

Machen wir einen Test. Wenn Geschmack etwas Feststehendes ist, warum ändert er sich dann im Laufe der Jahre? Können Sie sich noch an die Aufregung erinnern, wenn man als Kind zu einer Geburtstagsparty ging? Können Sie sich an die Gehirnwäsche erinnern? Du darfst erst Kuchen essen, wenn du vorher ein paar Sandwiches gegessen hast! Und was war die Krönung, die Delikatesse nach den Sandwiches und dem Kuchen? War es nicht der Wackelpudding?

Wissen Sie noch, wie aufregend es war, wenn der Wackelpudding auf dem Teller vibrierte? Können Sie sich noch an die Freude erinnern, so etwas Aufregendes essen zu dürfen? Ach, diese glücklichen Kindheitserinnerungen! Wissen Sie noch, wie kalt der Wackelpudding war? Wissen Sie noch, daß er eigentlich nach nichts geschmeckt hat? Wackelpudding ist nicht sehr teuer. Wie oft essen Sie heute Wackelpudding? Ich bin immer für Dinge, die die Lebensfreude steigern, egal ob man fünf oder neunzig Jahre alt ist. Aber wenn wir unseren Kindern Wackelpudding als das Nonplusultra auftischen, betreiben wir da nicht auch ein wenig Gehirnwäsche?

Warum gehört Wackelpudding zu unseren Lieblingsspeisen, solange wir Kinder sind? Wann hatten Sie das letzte Mal ein Verlangen danach? Warum war mir nach meinem ersten chinesischen Essen und nach meinem ersten Curry-Gericht schlecht? Warum sind das aber jetzt schon so lange meine Lieblingsspeisen? Sie kennen bestimmt Leute, die sich immer mindestens vier Löffel Zucker in ihren Tee oder Kaffee getan haben und dann plötzlich gar keinen Zucker mehr genommen haben – und wenn Sie ihnen nur eine Woche später unbeabsichtigt einen halben Teelöffel Zucker in ihre Tasse geben, dann spucken sie den Tee über Ihren besten Teppich, als ob Sie Arsen hineingemischt hätten.

Das war der dritte der wichtigen Beweise, und es ist gleichzeitig die siebte Anweisung:

Lassen Sie sich nicht von Ihren Geschmacksnerven versklaven!

Sie werden lernen, den Geschmack jeder Nahrung, die Sie regelmäßig zu sich nehmen, als Genuß zu empfinden. Also warum lernen wir nicht, von vornherein den Geschmack von dem zu genießen, was gut für uns ist, anstatt umgekehrt?

Vielleicht fällt es Ihnen schwer, das zu glauben. Manche denken jetzt vielleicht, daß sie für den Rest ihres Lebens »Hasenfutter« und Grünzeug essen müssen. Aber das müssen sie nicht. Einer der Vorteile bei ALLEN CARR'S EASYWAY® ist, daß es keinerlei Einschränkungen gibt, Sie können genau das essen, was Sie wollen. Aber selbst wenn Sie für den Rest Ihres Lebens »Hasenfutter« essen würden, würde Ihnen das nichts ausmachen, denn Sie würden es deshalb essen, weil es Ihre Lieblingsspeise wäre.

Wenn Geschmack flexibel ist, woher wissen Sie dann, daß ich nicht versuche, Ihnen per Gehirnwäsche einzureden, daß die für Sie beste Nahrung auch am besten schmeckt? Nein! Wie ich bereits sagte, ist Geschmack nur deshalb flexibel, damit Ihr Überleben gesichert ist. Geschmack *ist* eine feststehende Sache. Ich werde später noch genau erklären, wie sich der intelligente Mensch selbst hereingelegt hat, so daß er glaubt, daß Junk Food gut schmeckt.

Die Wahrheit ist, daß unsere Eßgewohnheiten das Ergebnis eines unglaublichen Wirrwarrs von Ignoranz, Fehlinformationen, Gehirnwäsche und purer Dummheit sind, was wenig zu tun hat mit Geschmack oder Auswahl.

Wenn die Gehirnwäsche allerdings unsere Sinne durcheinandergebracht hat, woher wissen wir dann, welche Nahrung am besten schmeckt? Die Gehirnwäsche und die unglaubliche Vielfalt der bei uns erhältlichen Nahrung machen das sehr schwierig. Wenn die Gehirnwäsche unsere natürlichen Instinkte zerstört hat, wie sollten wir sie dann wohl noch nutzen können? Aber unsere natürlichen Instinkte sind durch die Gehirnwäsche nicht verschwunden, sondern nur verwirrt. Jeder Raucher weiß vor dem Anzünden der ersten Zigarette, daß Rauchen schlecht und unnatürlich ist. Der abstoßende Geschmack der ersten Zigarette zerstört dieses Bild nicht, ganz im Gegenteil, er bestätigt es sogar. Aber gleichzeitig verwirrt uns die Sucht in Verbindung mit der massiven Gehirnwäsche, und das hält uns in der Falle.

Mit unseren Eßgewohnheiten ist es genau dasselbe. Unsere natürlichen Instinkte sind immer noch da, aber Sie werden durch die Gehirnwäsche verwirrt. Einige der wichtigen Punkte, die ich angesprochen habe, waren Ihnen schon bewußt. Sie wußten schon, daß Elefanten die stärksten an Land lebenden Tiere sind, daß sie Pflanzenfresser sind und daß sie, um ihre großen Muskeln und Knochen zu erhalten, kein Fleisch essen müssen. Sie wußten auch, daß sie keine Milch trinken oder Käse essen müssen, um eine ausreichende Menge an Kalzium für ihre riesigen Stoßzähne zu bekommen.

Ich versuche hier diese Desorientierung aufzuheben. Das ist das Schöne an der Methode: Wenn Sie einmal die ganzen Spinnweben aus dem Weg geräumt haben, bleibt nur noch der gesunde Menschenverstand. Ich sage Ihnen nur das, was Sie instinktiv ohnehin schon wissen. Wildlebende Tiere haben diese Probleme nicht – und wir ziehen die wildlebenden Tiere nur heran, um das zu bestätigen, was wir bereits instinktiv wissen! Erst einmal müssen wir verstehen, warum diese Instinkte überhaupt durcheinandergeraten sind. Also:

Wo ging es schief?

21
Wo ging es schief?

Seit es Leben auf der Erde gibt, konkurrierten verschiedene Arten und einzelne Angehörige einer Art um ausreichende Nahrung zum Überleben. Die Natur hat verschiedene Arten mit verschiedenen genialen Mechanismen ausgestattet, damit sie auch eine Zeit der Knappheit überleben. Ein klassisches Beispiel ist der Winterschlaf; ein anderes das Eichhörnchen, das Nußvorräte anlegt. Einer der Gründe für den Erfolg von Insekten wie Ameisen und Bienen ist ihre Fähigkeit, Nahrung zu lagern.

Der Mensch ist auf diesem Planeten die erfolgreichste Spezies, weil er seine überlegene Intelligenz und seinen Erfindungsgeist nicht nur zum Jagen, Sammeln, Anbauen und Nutzen einer immensen Vielfalt von Nahrung verwendet, sondern auch Wissen über Haltbarmachen und Lagerung erlangt hat.

Jedoch gibt es einen großen Nachteil beim Lagern von Nahrung. Wenn Sie die Nahrung nicht essen, dann tun es andere Lebewesen – nämlich Bakterien. Wir betrachten Bakterien normalerweise als etwas sehr Unangenehmes. Aber sie haben genauso das Recht, ihr Leben auf der Erde zu genießen, wie wir, und auch für sie ist ein gutes Essen eine Lieblingsbeschäftigung. Um unsere Nahrung vor Bakterien zu schützen, müssen wir sie erst konservieren. Aber bedenken Sie, was das in Wirklichkeit bedeutet: Egal, ob Sie sie kochen, raffinieren, einfrieren, räuchern, einlegen, in Dosen oder in Flaschen füllen, süßen, trocknen oder pökeln - alles was Sie tun, ist, sie für Bakterien unappetitlich oder ungenießbar zu machen.

Wenn unser Essen für Bakterien nicht gut genug ist, dann sollte es für uns aber auch nicht gut genug sein! Jeder alte Seebär wird Ihnen sagen, daß konservierte Nahrung ursprünglich ein kurzfristiger Ersatz war, um eine lange Seereise durchzustehen. Aber alle Seeleute wußten, daß eine solche Nahrung nur Ersatz war und die Anfälligkeit gegenüber bestimmten Krankheiten (wie z. B. Skorbut, Rachitis oder Gelbfieber) erhöhte. Und sie achteten darauf, das wirklich Beste zu essen, wenn sie an Land gehen konnten.

Als aber die Zivilisation fortschritt und die Bevölkerung vom Land in die Städte zog und über alle Verhältnismäßigkeit explodierte, ging die Nahrungsbeschaffung allmählich vom Individuum oder der einzelnen Familie in die Hände von größeren Läden über.

Die meisten Menschen bekamen selten frisches Obst - es war ein Luxusartikel. Das war der Grund für ihre Schwächung. Ich erinnere mich noch genau, daß ich als Kind einer Arbeiterfamilie in meinem Weihnachtsstrumpf immer wenigstens eine Orange, eine Mandarine und ein paar Nüsse bekam. Nüsse waren, wie Geflügel, ein Luxusgut, das es nur an Weihnachten gab.

Es ist ziemlich traurig, daß große Hähnchen-Grillketten wie Kentucky Fried Chicken den Verzehr von Geflügel in etwas Alltägliches verwandelt haben. Warum ist Geflügel in den letzten Jahren so beliebt geworden? Könnte es daran liegen, daß der Verzehr von rotem Fleisch in Verruf geraten war? Oder liegt es nicht eher daran, daß wir es schwer finden, eine lebenslange Gehirnwäsche rückgängig zu machen? Glauben wir nicht in Wirklichkeit, daß rotes Fleisch schlecht für uns ist, und essen daher als Kompromiß weißes Fleisch? Ist das nicht so, als würde man sagen: Ich möchte auf keinen Fall ein Bein verlieren, also richte ich mich auf den Verlust von ein paar Zehen ein?

Wir sind heute völlig abhängig von Supermärkten, Gefrierschränken, abgepacktem und konserviertem Essen. Gleichzeitig wurden wir von Geburt an der massiven Werbung der Konzerne ausgesetzt, sei es die Milchverarbeitungsindustrie, die Fleischverarbeitungsindustrie oder einzelne Hersteller von konservierter Nahrung, die uns per Gehirnwäsche nicht nur eingeredet haben, daß uns diese Nahrung große Vorteile bietet, sondern auch, daß wir ohne sie nicht leben können.

Betrachten wir doch einmal, was geschieht, wenn man natürliche Nahrung konserviert. Die meistverbreitete Form der Konservierung ist Kochen. Wenn Sie Nahrung über 58 Grad Celsius erhitzen, töten Sie nicht nur alle Bakterien, sondern auch alle Nährstoffe. Es wird buchstäblich tote Nahrung. Gleichzeitig verändern Sie die Substanz gleichermaßen zerstörerisch. Alle Nahrungsmittel enthalten unterschiedliche Mengen an Wasser. Wenn Sie Lebensmittel kochen, dann verdampft die wertvolle Flüssigkeit.

Ein Baby im Bauch der Mutter bekommt seinen gesamten Sauerstoff und alle lebensspendenden Nährstoffe alleine durch eine Flüssigkeit – das Blut seiner Mutter. Nach der Geburt wird es die ersten Monate auch nur durch eine andere Flüssigkeit ernährt und am Leben erhalten – die Muttermilch. Danach wird das Baby abgestillt und an feste Nahrung gewöhnt. Und von diesem Zeitpunkt an bedeutet für jeden Menschen Essen feste Nahrung und Trinken Flüssigkeit. Aber das Baby geht nicht gleich von der Muttermilch auf Steak und Pommes über. Die einzige feste Nahrung, an die wir das Baby anfangs gewöhnen, ist Nahrung, die immer noch hauptsächlich aus Wasser besteht, wie Früchte- oder Gemüsebrei.

Dieser hohe Flüssigkeitsgehalt ist ein lebenswichtiges Prinzip der Natur. Die Eiche, die ich in Kapitel acht erwähnte, erhält ihre immense Kraft und Stärke ausschließlich durch die im Wasser enthaltenen Mineralien und Nährstoffe. Selbst die Menschen haben die Vorteile von Flüssigkeit erkannt. Es ist kein Zufall, daß unser Autobenzin und andere Betriebsmittel flüssig sind. Dieses Flüssigkeitsprinzip und der hohe Wasseranteil in unserer Nahrung sind unser Leben lang wichtig. Lebensmittel mit einem niedrigen Wasseranteil sind sehr schwer zu kauen, zu schlucken und zu verdauen, und es ist auch schwer, daraus die Nährstoffe aufzunehmen und die Gifte und Abfallstoffe auszuscheiden. Denken Sie an das Plastikkorb-Syndrom. Tatsache ist, daß wir ohne Essen wesentlich länger auskommen als ohne Wasser. Was glauben Sie also, um wieviel wertvoller eine Nahrung ist, die einen hohen Wasseranteil hat?

Das wirkliche Problem bei unseren Eßgewohnheiten ist: Wir mißachten die Bedienungsanleitung. Statt die Nahrung zu uns zu nehmen, die von der Natur und unserem Schöpfer für uns vorgesehen ist, wird der Hauptanteil unserer Nahrung durch den Menschen erzeugt. Was ungefähr genauso intelligent ist, als ließen Sie Ihr Haustier entscheiden, welches Benzin und sonstige Betriebsmittel in Ihr Auto kommen. Es ist nicht überraschend, daß wir Gewichts- und andere Eßstörungen haben. Höchsten Respekt für die unglaubliche Widerstandskraft unseres Körpers, daß er es geschafft hat, so lange durchzuhalten.

Welches sind also die Nahrungsmittel, die sich am besten für unser Verdauungssystem eignen und auch zufällig am besten schmecken? Trotz der massiven Gehirnwäsche über Generationen hinweg gibt es überwältigende und schlüssige Beweise, welche Nahrung die Natur für uns vorgesehen hat. Lassen Sie uns zuerst noch ein paar Spinnweben entfernen, indem wir zwei wichtige Lebensmittelgruppen ansprechen, von denen die Natur sicher nicht wollte, daß wir sie essen. Die erste Gruppe ist

Fleisch.

22
Fleisch

Ich verwende bei ALLEN CARR'S EASYWAY® den Begriff Fleisch für das Fleisch von allen Tieren, einschließlich Vögeln, Fischen und Schalentieren.

Es ist schwer, sich etwas Effektiveres vorzustellen als die Gehirnwäsche, die es zum Thema Fleischverzehr gibt. Die Ängste, die den Familien gemacht werden, ob sie auch genügend Fleisch essen; die Anzeigen, die uns andauernd bestürmen – französisches Geflügel, dänischer Schinken und Lamm aus Neuseeland. Allein die Ausdrücke, die verwendet werden: bestes Rindfleisch, das schönste Stück vom Lamm.

Traditionsgemäß tragen wir am Sonntag unsere beste Kleidung, und der Sonntagsbraten war die beste Mahlzeit der ganzen Woche. Was bereiten wir für die wichtigste Mahlzeit im ganzen Jahr zu? Die Weihnachtsgans, -ente oder -pute.

Vielleicht mache ich Ihnen den Mund wäßrig. Ich habe Verständnis für Sie. Es ist sehr schwer zu glauben, daß die Vorteile des Fleischessens gleich Null sind und die Nachteile bei weitem überwiegen. Was den Geschmack betrifft, gibt es nur wenige Nahrungsmittel, die nichtssagender als Fleisch schmecken. Tatsächlich wäre es schwierig, eine schlechter geeignete Nahrung als Fleisch für den Menschen zu entwickeln. Lassen Sie uns einige der unbestrittenen Fakten betrachten.

Den Mythos, man müsse Fleisch essen, um Eiweiß zu

bekommen, haben wir bereits durchschaut. Die größten und stärksten auf dem Land lebenden Tiere sind Pflanzenfresser. Ach, höre ich Sie sagen, aber wer ist der König im Dschungel? Der Löwe, und Löwen sind Fleischfresser. Noch mehr irreführende Volksweisheiten. Der Löwe mag als König des Dschungels gelten, aber er ist bei weitem nicht so stark wie ein Elefant, und sollten Sie die Vorstellung von einem Löwen haben, der vor Energie sprüht, denken Sie daran, daß ein Löwe zwanzig Stunden am Tag schläft. Ein Orang-Utan, der kein Fleisch frißt, schläft nur sechs Stunden. Jegliche Energie, die ein Löwe hat, kommt nicht vom Fleischfressen. Es stimmt, daß Löwen Fleischfresser sind, aber selbst sie fressen alles andere lieber. Löwen töten auch mal Leoparden oder Geparden, aber fressen sie normalerweise nicht. Eine allgemeingültige Regel in der Natur ist, daß Fleischfresser keine anderen Fleischfresser fressen. Wenn Sie das nächste Mal einen Naturfilm sehen, wo ein Löwe oder ein anderer Fleischfresser beim Erlegen einer Beute gezeigt wird, dann achten Sie einmal darauf, daß der Jäger der Beute zuerst den Magen aufreißt und den Mageninhalt frißt. Dadurch bekommt ein Löwe sein Eiweiß – von den Pflanzen, die von den Pflanzenfressern gefressen wurden.

Nach dem Mageninhalt wählt der Löwe Organe wie Herz, Leber, Nieren, Eingeweide, Lunge und Gehirn. Abgesehen von den Knochen ist das Fleisch die letzte Wahl. Tatsächlich sind es normalerweise Lebewesen ganz unten in der Rangordnung, wie z. B. Hyänen und Geier, für die dann das Fleisch übrigbleibt. Das ist einer der Gründe, warum diese Tiere so ausgetrocknet und häßlich aussehen.

Es ist schwer zu glauben, daß wir nicht zum Verzehr von Fleisch geschaffen wurden. Aber benutzen Sie Ihren gesunden Menschenverstand. Wenn Sie versuchen würden, rohes Fleisch zu essen, dann würden Sie es kaum kauen können, geschweige denn es verdauen. Manchmal können wir Fleisch nicht einmal dann richtig kauen, wenn es gebraten oder gekocht ist. Unser Verdauungssystem ist nicht für die Verdauung von Fleisch ausgelegt, und wir besitzen nicht die entsprechenden chemischen Stoffe, um Nährstoffe herauszuziehen und Abfallstoffe auszuscheiden. Es stimmt, die Japaner essen rohen Fisch, aber dazu müssen sie ihn marinieren, würzen und kleinschneiden. Ich kann nicht beurteilen, ob sie es genießen, rohen Fisch zu essen, oder nicht, aber diese Sitte hat sich nun nicht gerade wie ein Lauffeuer über die ganze Welt verbreitet.

Behalten Sie bitte im Hinterkopf, daß das Kochen von Nahrung erst eine relativ junge Erfindung in der Entwicklung der Menschheit ist und daß es Tausende von Jahren dauert, bis sich unser Verdauungssystem durch die Evolution an veränderte Umstände anpaßt.

Fleisch liefert in Wirklichkeit keine Energie. Gute Energie kommt aus den Kohlehydraten. Fleisch enthält sehr wenig Kohlehydrate. Was noch viel wichtiger ist: Fleisch enthält so gut wie keine der für eine gute Gesundheit und Verdauung absolut wichtigen Bestandteile: *Faserstoffe!*

Wenn Sie Lust auf Fleisch haben, dann stellen Sie sich die Tiere vor, die sich beinahe ausschließlich davon ernähren: Geier, Hyänen und Krokodile. Ein Geier fliegt nicht wirklich, er verläßt sich auf die Thermik, und wenn er sich satt gefressen hat, dann hat er kaum die Kraft, um loszufliegen. Ein Krokodil liegt sein Leben lang entweder regungslos im Wasser oder am Ufer. Beide Lebewesen sehen ausgetrocknet und häßlich aus. Vielleicht glauben Sie, daß man Fleisch nur deshalb kocht, um dadurch seinen Geschmack zu verbessern. Wenn Fleisch im gekochten Zustand so köstlich schmecken würde, warum brauchen wir dann Gewürze oder Soßen? Wir fügen Gewürze oder Soßen hinzu, nicht um den Geschmack zu verbessern, sondern entweder, um einem nichtssagenden Geschmack ein bißchen Würze zu verleihen oder einen schlechten Geschmack zu übertünchen. Es gibt zwei wichtige Gründe, warum wir Fleisch kochen. Der wichtigste ist, daß wir es roh gar nicht essen können. Der zweite ist, daß es schnell anfängt zu verwesen und wir gefährliche Bakterien abtöten müssen. Aber Kochen tötet nicht nur die Bakterien, sondern auch die Nährstoffe in der Nahrung. Ein weiterer großer Schaden, der beim Kochen entsteht, ist, daß die absolut wichtige Feuchtigkeit verdampft. Fleisch hat sowieso schon wenig Flüssigkeit, bevor es gekocht wird.

Ein weiterer Hinweis darauf, ob wir Fleisch essen sollen, sind unsere Zähne. Fleischfresser haben lange Schneidezähne oder Fangzähne und lange, scharfe Krallen, mit denen sie Fleisch reißen können. Sie haben auch mehr Salzsäure bei der Verdauung als Menschen. Salzsäure wird zum Neutralisieren der Gifte im Fleisch verwendet. Fleisch verwest schnell, also haben Fleischfresser einen vergleichsweise kurzen Darm, um das sich zersetzende Fleisch so schnell wie möglich wieder auszuscheiden.

Wir sind nicht einmal emotional zum Fleischessen geeignet. Wie Harvey Diamond sagte: Setzen Sie ein kleines Kind zusammen mit einem Kaninchen und einem Apfel in einen Laufstall. Wenn das Kind das Kaninchen ißt und mit dem Apfel spielt, kaufe ich Ihnen ein neues Auto. Beobachten Sie Ihre Hauskatze. Katzen sind richtige Fleischfresser – selbst Jahrtausende der Domestizierung haben ihre natürlichen Instinkte nicht verändert. Beim leisesten Kratzgeräusch werden die Ohren aktiv. Sei es ein Vogel, eine Maus oder ein Wollknäuel, eine Katze kann genausowenig widerstehen, sich daraufzustürzen, wie Sie es vermeiden können zu blinzeln, wenn ich versuche, meinen Finger in Ihr Auge zu stechen. Der natürliche Instinkt der Katze ist, alles, was sich bewegt, zu töten und zu fressen.

Uns schreckt eine solche Verhaltensweise ab. Stellen Sie sich vor, Sie fahren über Land und entdecken ein Lamm, das aus purer Lebensfreude auf der Wiese umherspringt. Überkommt Sie dann ein Urtrieb, sich darauf zu stürzen, ihm an die Kehle zu gehen und sein Blut herauszusaugen? Oder sagen Sie zu Ihrem Mitfahrer: Schau, wie süß!?

Vielleicht glauben Sie, wir seien zivilisierte Menschen und wurden so erzogen, daß wir solche barbarischen Akte nicht begehen. Tatsächlich ist genau das Gegenteil der Fall. Lämmer werden nur gezüchtet, damit wir sie schlachten und essen können. In letzter Zeit gab es etliche Skandale wegen der Legebatterien und dem Handel mit Kälbern. Die Aufzucht von Tieren, seien es nun Lämmer, Hühner, Kühe oder Schweine, ist ein durchorganisiertes Geschäft. Die Betreiber sind sehr bemüht, uns keine Gewissensbisse zu verursachen und unseren Appetit nicht dadurch zu verderben, daß wir die blutigen Details sehen, geschweige denn über sie nachdenken müssen.

Wenn Sie das nächste Mal Lamm bestellen, dann denken Sie an eines dieser kleinen Bündel voller Lebensfreude. Glauben Sie, Sie könnten es selbst töten? Die Wahrheit ist, daß die meisten von uns kein Fleisch essen würden, wenn sie die Tiere selbst töten müßten.

Ich will Ihnen nun nicht ins Gewissen reden und Sie auch nicht davon überzeugen, rein aus moralischen Gründen kein Fleisch mehr zu essen. Nein, ich stelle nur fest, daß Menschen von Natur aus keine Fleischfresser sind. Wir haben weder den passenden Magen für den Fleischverzehr noch bringen wir es übers Herz, ein Tier zu töten. Vom natürlichen Instinkt her lieben wir Tiere. Die Vorstellung, unsere Haustiere zu essen, finden wir abstoßend, und bei den Tieren, die man gemeinhin abstoßend findet, wie z. B. Ratten, Schlangen und Spinnen, schreckt uns schon der Gedanke, sie anzufassen, geschweige denn sie zu essen!

Halten Sie sich Ihre Haustiere, damit Sie sie in Notzeiten essen können? Zweifelsohne haben in Zeiten des Mangels die Menschen eher ihre Haustiere gegessen als zugeschaut, wie die Familie verhungert, und wahrscheinlich war das der Ursprung für die heute hochorganisierte Fleischindustrie. Tatsache ist auch, daß der Mensch in solchen Zeiten sogar zum Kannibalismus Zuflucht genommen hat. Egal, wie abstoßend ich eine solche Verhaltensweise finde, glücklicherweise habe ich niemals Hunger gelitten, und deshalb steht es mir auch nicht zu, darüber zu urteilen. Ich kenne mehrere Fälle, in denen Leute Hühner oder Schweine nur mit der Absicht aufgezogen haben, sie später zu essen. Und wenn es dann soweit war, dann brachten sie es nicht übers Herz, die Tiere selbst zu schlachten, aber auch nicht, jemand anderen damit zu beauftragen.

Die meisten Menschen schützen wildlebende Tiere und füttern sie sogar. Wir mögen es, wenn viele Vögel und andere Tiere unseren Garten beleben. Wir lieben Tiere. Wir machen uns sogar Sorgen darüber, wenn Tiere nicht artgerecht behandelt werden oder unglücklich sind. Wenn Sie in den Zoo gehen, dann bewundern Sie jedes Lebewesen; oder sind Sie wie der Wolf bei Rotkäppchen und taxieren jedes Tier, lecken sich mit einem Leuchten in den Augen die Lippen und denken sich: Dich würde ich gerne essen? Aber wenn Sie einen Pflaumenbaum mit großen, saftigen, reifen Pflaumen sehen, dann denken Sie sich genau das.

Der Mensch ist den wildlebenden Tieren in vieler Hinsicht überlegen. Diese Überlegenheit bedeutet aber auch eine große Verantwortung. Das Leben in der Wildnis hängt von unserem Schutz ab, nicht nur für das Leben selbst, sondern auch für die Umwelt. Finden Sie nicht, daß irgend etwas nicht stimmt, wenn wir Tiere aufziehen, die uns vertrauen, weil wir sie füttern, schützen und versorgen, und dann dieses Vertrauen verraten, indem wir sie schlachten und essen? Ist es nicht bizarr, daß wir nettes Verhalten als menschlich bezeichnen und nicht nettes Verhalten als tierisch? Irgendwie scheint es, als sehen wir das falsch herum.

Allein die Idee, eigenhändig lebende Tiere zu töten, erschreckt uns, und die meisten Menschen können nicht sehen, wie ein wildes Tier ein anderes erlegt. Wenn Ihre Katze eine flauschige Blaumeise fängt, wo liegen da Ihre Sympathien? Wir können solche Taten als einen Teil der Natur ansehen und mit der Entschuldigung verzeihen, daß das Raubtier ein Recht hat zu überleben oder es nicht besser weiß. Es ist eine Sache, ein Tier zu töten, um zu überleben, aber finden Sie nicht, daß es wirklich unnatürlich und böse ist, Lebewesen aufzuziehen,

nur um sie schlachten und aufessen zu können?

Es wäre zu entschuldigen, hätten wir nicht bereits eine Fülle an Nahrung und müßten es tun, um zu überleben. Aber wenn uns Fleisch übergewichtig macht, träge und krank, nicht das geringste zu unserem Wohlbefinden beiträgt und uns davon abhält, das zu essen, was uns mit Energie und Gesundheit erfüllen würde, dann

ist das nur noch Ignoranz und Dummheit!

Das Hauptargument gegen Fleischessen ist jedoch, daß es kaum Vorteile bietet, sondern daß es die am schwersten verdauliche Nahrung ist, Nahrung, aus der sich am schwersten Abfallstoffe ausscheiden lassen. Selbst wenn Sie Fleisch gekocht und gekaut haben, verfügt der Körper nicht über die richtigen Enzyme, es zu verdauen. Es liefert keine Energie, verbraucht aber maximale Energie für die Verdauung.

Fleisch hat zuerst einmal einen vergleichsweise geringen Wassergehalt, und weil es noch gekocht werden muß, bevor wir es essen können, verdampft der Großteil dieser wertvollen Flüssigkeit noch. Für unseren Magen ist es schwer, Fleisch zu verdauen, und es dauert rund zwanzig Stunden, bis es die vielen Meter unseres Darmtrakts durchlaufen hat. Fleisch erzeugt ein Maximum an Abfallstoffen, die ausgeschieden werden müssen.

Stellen Sie sich vor, Sie besprühen Ihren Rasen eine Stunde

lang mit einem Mittel, das Sie für Dünger halten. Plötzlich stellen Sie fest, daß es sich um ein Gift handelt, und nun verbringen Sie den Rest des Tages mit dem Versuch, das wieder wegzubekommen. Sie würden sich ärgern, wenn Ihnen das aus Versehen passiert wäre. Sie würden das niemals absichtlich tun. Es ist schwer zu fassen, aber genau das tun wir, wenn wir Fleisch essen.

Zweifelsohne glauben Sie, ich übertreibe. Das liegt teilweise daran, daß Sie nicht sehen können, was in Ihrem Körper passiert, wenn Sie Fleisch essen, und teilweise daran, daß Ihr Körper fähig ist, diese Bestrafung zu überleben – oder, genauer gesagt, weil Sie bis jetzt immer noch am Leben sind. Aber ist das wirklich ein hinreichender Grund dafür, seinen Körper wie einen Abfalleimer zu behandeln? Solange Sie die Anleitung der Natur befolgen, müssen Sie sich über die Vorgänge im Inneren des Körpers keine Gedanken machen. BSE (Rinderwahn) ist nur eine der vielen Tragödien, die auftreten können, wenn man Tieren unnatürliche Nahrung füttert.

Stellen wir uns den unbestreitbaren Tatsachen – es spricht nicht viel dafür, Fleisch zu essen. Genauso wie wir den Plastikkorb durch Zerkleinern in unseren Tank bekommen, können wir auch Fleisch kauen und verdauen, indem wir es kochen oder braten. Aber in beiden Fällen haben wir nicht nur nichts davon, sondern verursachen damit noch Probleme. Der Mensch mit seiner Intelligenz hat das Problem des Fleischkauens gelöst, aber wäre die logische Lösung nicht, die offensichtlichen Warnsignale unserer Bedienungsanleitung zu beachten und kein oder kaum Fleisch zu essen?

Lassen Sie uns nun eine andere Nahrungsmittelgruppe betrachten, von der wir durch Gehirnwäsche glauben, daß sie nicht nur nährstoffreich, sondern sogar für unser Überleben notwendig ist, die aber in Wirklichkeit unser Leben verkürzt:

Milch und Milchprodukte.

23
Milch und Milchprodukte

Jeden Tag ein Glas Milch! Jeder in meiner Generation erinnert sich noch an diesen Slogan. Ich glaube, man kann niemandem einen Vorwurf machen, wenn er wirklich an den Nutzen von Milch glaubt. Und obwohl ich jetzt weiß, daß das Unsinn ist, tendiere ich bei Durst immer noch mehr zu einem Glas Milch als zu einem Glas Wasser.

Ist das wirklich überraschend? In der Grundschule war es bei uns Pflicht, Milch zu trinken, ob man wollte oder nicht. In der weiterführenden Schule wurde die Indoktrination fortgeführt. Erst seit relativ kurzer Zeit sind sich Mediziner immer mehr der Schäden bewußt geworden, die Milch und Milchprodukte anrichten. Selbst dann sind sie aber nicht aufs Ganze gegangen, sondern haben nur empfohlen, Magermilch zu trinken oder die Sahne wegzulassen.

Wenn ich über Milchprodukte spreche, dann rede ich in Wirklichkeit über Milch. Milchprodukte, ob es sich nun um Sahne, Käse, Joghurt oder Butter handelt, sind nur weiterverarbeitete Milch. Sehen Sie sie auch einfach nur als das – weiterverarbeitete Milch. Ich muß zugeben, daß das für mich der Aspekt der Gehirnwäsche war, dem ich am schwierigsten entgegenarbeiten konnte. Sicher wäre die Schulmilch keine Pflicht gewesen, wenn sie für die Kinder nicht eine Menge Gutes bewirken würde? Und nie hätte man darauf bestanden, wenn sie uns womöglich sogar Schaden zugefügt hätte!

Aber damals war ich einfach nur jung und naiv. Ich glaubte wirklich, ein Experte sei ein Fachmann auf einem bestimmten Gebiet. Mir war nicht klar, daß ein Experte einfach nur jemand ist, der die neuesten Mißverständnisse glaubt statt die der vorherigen Generation. Wer war ich denn schon, daß ich ihre Erfahrung in Frage gestellt hätte, wenn sie ihre Aussagen mit so großem Selbstbewußtsein und solcher Autorität hervorbrachten, auch wenn diese Aussagen dem gesunden Menschenverstand widersprachen?

Es ist nicht schwierig zu verstehen, warum wir uns in die Irre leiten ließen. Schließlich ist die Lieblingsnahrung aller neugeborenen Säugetiere, die Nahrung, die für sie vorgesehen ist – Milch aus der Mutterbrust. Was könnte natürlicher sein? Das ist der Grund, warum ich das Mißverständnis des Milchtrinkens am schwersten bekämpfen konnte.

Stellen Sie sich vor, wie ein gesundes Baby an der Brust der Mutter saugt. Machen wir uns Sorgen, daß das Baby sich nicht abwechslungsreich genug ernährt? Versuchen wir ihm Vitamin-, Kalzium- oder Eisentabletten einzutrichtern? Natürlich nicht. Wir wissen instinktiv, daß es genau die Nahrung zu sich nimmt, die die Natur vorgesehen hat. Wir halten uns an die Bedienungsanleitung und wissen, daß es die richtige Nahrung erhält. Schauen Sie sich an, mit welcher unglaublichen Geschwindigkeit alle Säugetiere mit dieser Nahrung wachsen und gedeihen. Laut H.G. Wells ist Honig die Nahrung der Götter. Das trifft vielleicht für Bienen zu. Aber für Säugetiere ist es ganz offensichtlich, daß die Nahrung der Götter die Muttermilch ist.

Sie haben sicherlich bemerkt, daß ich nicht von Milch, sondern von Muttermilch gesprochen habe. Ist nicht jede Mutter sicher, daß ihr Neugeborenes die richtige Ernährung bekommt, wenn sie gesund ist und genügend Milch hat? Trifft es nicht auch zu, daß sich die Mutter erst dann Sorgen macht, wenn sie ihrem Baby Milch aus der Flasche gibt, und daß unsere Ernährungsprobleme erst dann anfangen, wenn die Babys nicht mehr gestillt werden? Also wenn wir aufhören, die Bedienungsanleitung der Natur zu befolgen, und uns auf die Babynahrungsindustrie verlassen? Kein großes Problem eigentlich, denn die Konzerne liefern genau die natürliche Nahrung, die Mütter auch bereitet haben, bevor diese Firmen existierten – Früchte- und Gemüsebreie. Aber das Baby wird jetzt nicht nur von der Muttermilch entwöhnt, sondern auch noch von den Richtlinien der Natur. Die Gehirnwäsche menschlicher Experten hat begonnen, und damit kommen auch die Zweifel und die Unsicherheiten.

Wenn also Milch die echte Nahrung der Götter und auch die Wahl der Natur ist, wenn Milch alleine ein Baby mit all den Nährstoffen versorgt, die es in der stressigsten und verwundbarsten Zeit seines Lebens braucht, wie kann ich dann dagegen sein? Wie könnte es schädlich sein, für den Rest des Lebens große Mengen Milch zu trinken?

Der gesunde Menschenverstand nennt uns zwei absolut überzeugende und einleuchtende Gründe, warum wir keine Milch mehr trinken sollten. Der erste ist der, daß diese besondere Nahrung nur für den Nachwuchs der jeweiligen Art geschaffen ist. Sie ist sogar so zusammengesetzt, daß sich der Nährstoffgehalt mit dem Wachsen des Babys verändert. Der wichtige Punkt ist der, daß alle Säugetierbabys das Leben mit einer Ernährung beginnen, die nur aus Milch besteht. Aber so etwas wie die ultimative Milch gibt es nicht. Für jede Spezies gibt es eine andere Zusammensetzung. Die Milch eines Seehundes ist für seinen Nachwuchs ideal, für eine Maus wäre sie giftig. Der zweite wichtige Punkt ist, daß die Natur Milch für *Babys* vorgesehen hat. Sie hat auch eingeplant, daß alle Säugetiere zu einem verhältnismäßig frühen Zeitpunkt von Milch entwöhnt werden. Kennen Sie irgendein erwachsenes Säugetier, abgesehen vom Menschen und seinen Haustieren, das Milch trinkt? *Selbst Kühe trinken keine Milch!*

Wenn die Natur uns so geschaffen hat, daß wir von Milch entwöhnt werden sollen, wie kann dann jemand, der sich für intelligent hält, gegen diesen Grundsatz verstoßen? Die für das Aufspalten und Verdauen von Milch notwendigen Enzyme sind Renin und Laktase. Bei den meisten Menschen ist ab dem dritten Lebensjahr nichts mehr von diesen Enzymen da. Unser Körper ist nicht zur Milchverdauung geschaffen. Wenn wir erst einmal von der Muttermilch entwöhnt sind und danach weiterhin Milch trinken, dann ist das für unser Verdauungs- und Ausscheidungssystem eine erhebliche Belastung. Sie können weiterhin Milch trinken, aber wollen Sie das wirklich? Wenn ja, dann bedenken Sie bitte, daß jegliche Milch Kasein enthält. Kasein gerinnt im Magen und bildet dadurch große, zähe Klumpen, die schwer zu verdauen sind. Kuhmilch hat dreihundertmal mehr Kasein als menschliche Muttermilch.

Die Gesellschaft wacht langsam auf. Viele Erwachsene trinken keine Milch mehr, nicht einmal mehr im Kaffee oder Tee. Aber es ist sehr schwer, sie völlig zu vermeiden. Wenn Sie Kekse, Joghurt, Teig, Schokolade, Eis, Pfannkuchen, Pudding, Kuchen, Cremesuppen oder Kartoffeln mit Sauerrahm essen, dann nehmen Sie Milch zu sich.

Es steht absolut fest, daß erwachsene Menschen nicht zum Verzehr von Milch geschaffen sind, ganz besonders nicht für den Verzehr von Kuhmilch oder daraus erzeugten Produkten. Es ist offensichtlich, daß wir auch nicht dazu geschaffen sind, Fleisch zu essen. Und wir sind außerdem auch nicht dafür geschaffen, vom Menschen verarbeitete Nahrung zu essen. Welche anderen Nahrungsmittelkategorien gibt es dann? Frisches Obst, Nüsse, Gemüse, Kräuter, Weizen, Reis und anderes Getreide. Vielleicht denken Sie sich bei dieser Auflistung jetzt: Moment mal, dann bin ich nicht nur Vegetarier, sondern sogar Veganer!

Vielleicht finden Sie das eine gewagte Vorstellung. Ich bin

selbst kein Vegetarier, aber ich habe auch keine Ängste oder Sorgen mehr, wenn ich mir vorstelle, einer zu werden. Wenn Sie jetzt der Gedanke, Vegetarier zu werden, bestürzt, dann machen Sie sich klar, daß diese Aufzählung den Großteil der Nahrung vieler Menschen ausmacht. Vielleicht ist das auch ein guter Zeitpunkt, Sie an die Behauptung zu erinnern: Sie können so viel von Ihrer Lieblingsspeise essen, wie Sie wollen, sooft Sie wollen, und genau das Gewicht haben, das Sie wollen. Ich sagte, daß manche Menschen keine Milch oder keinen Zucker mehr in den Kaffee nehmen. Vielleicht ist dadurch bei Ihnen der Eindruck entstanden, daß Sie in Zukunft Ihren Tee oder Kaffee ohne Milch trinken müssen. Ich versichere Ihnen: Das ist nicht so! Ich betone noch einmal, es wird keinerlei Einschränkungen geben. Denken Sie an die wichtige Junk-Food-Toleranz. Ich möchte momentan nur erreichen, daß Sie nicht fraglos das glauben, was Ihnen sogenannte Experten sagen, sondern erkennen, daß es nur einen wirklichen Experten gibt, der uns bereits mit einer völlig verläßlichen Bedienungsanleitung ausgestattet hat.

Ich sagte, daß ich keine Rezeptvorschläge machen würde. Es gibt nur eine einzige Ausnahme. Der Grund, warum mir die Gehirnwäsche in Sachen Milch den stärksten Widerstand entgegenbrachte, war der: Mir war zwar klar, daß der Großteil meiner Nahrung aus Junk Food bestand, aber ich glaubte immer, eine Schüssel Müsli mit Milch sei meine essentielle und gesundheitsspendende Nahrung. Selbst wenn die bestimmte Sorte Müsli bereits mit Zucker angereichert war, habe ich das Gemisch noch mit einer sehr großzügigen Dosis Zucker gesüßt, und das hat ohne Zweifel sehr dazu beigetragen, diese Mahlzeit zu einem großen Genuß zu machen. Wenn aber Milch tabu ist, dann heißt das, daß ich mich nie wieder über eine Schüssel Müsli freuen kann. Allein der Gedanke daran, es ohne Milch trocken zu essen, war ein Greuel. Einer der abschreckendsten Aspekte bei so vielen Diäten ist, daß man trockene Kekse essen muß. Der Gedanke daran, statt dessen Wasser zu verwenden, war noch schlimmer. Wenn Sie eine Schüssel Müsli essen wollen, dann probieren Sie es doch einmal mit frischem Orangensaft. Das ist sehr lecker, und Sie brauchen keinerlei zusätzliche Süße mehr.

Ernährungsfachleute betonen immer wieder die Notwendigkeit, die Kalorienzufuhr zu reduzieren, aber daß man dabei gleichzeitig einen Mangel an bestimmten lebensnotwendigen Vitaminen vermeiden soll. Wie immer mischt sich der menschliche Verstand in die Gesetze der Natur ein, und es kommt eine völlig falsche Antwort heraus. Sie brauchen sich bezüglich der Menge an Kalorien keine Sorgen machen, denn Kalorien bedeuten Energie, und davon können Sie nie genug haben.

Wenn es sich aber um die falsche Art von Kalorien handelt, dann ist Ihr Verdauungssystem nicht dafür geeignet. Das wäre dann wie der Fahrer eines Ford Escorts, der sich denkt: Ein Formel-1-Rennwagen fährt über 300 km/h, also werde ich den gleichen Kraftstoff tanken. Das ist wieder das Plastikkorb-Syndrom. Das Problem ist nicht, daß wir zu viele Kalorien zu uns nehmen, sondern die falschen, und daß unser Verdauungssystem nicht dafür ausgelegt ist, die Art von Kalorien zu verwerten, die in manchen Nahrungsmitteln enthalten sind, wie z. B. im raffinierten Zucker. Vielleicht finden Sie das schwer nachvollziehbar, aber würden Sie nur im entferntesten daran denken, Ihr Auto mit Flugzeugbenzin zu tanken?

Mit dem Bestreben, Vitamin- und Mineralstoffmangel zu vermeiden, übersehen Ärzte und Ernährungsfachleute auch, daß es genauso schwächen kann, wenn man den Körper mit mehr Stoffen versorgt, als er braucht. Wenn Sie in den Motor zuviel Öl einfüllen, dann läuft es über und gibt eine ziemliche Schweinerei. Aber immerhin läuft das überschüssige Öl heraus. Wenn Sie Ihren Körper überfüllen, dann kann er nicht einfach »überlaufen«, sondern alles muß durch den Magen, den Verdauungstrakt, die Nieren, die Leber, die Blase und den Darm verarbeitet werden. In manchen Fällen kann sich der Körper des Überschusses nicht entledigen, dann muß er gelagert werden. Ihr Körper hat aber keine großen Depots, in denen er Überschüsse lagern kann, also muß er seine eigenen einrichten – die Fettringe, die Sie Ihr ganzes verkürztes Leben lang mit sich herumschleppen müssen.

Stellen Sie sich vor, Sie gehen in den Supermarkt und kaufen sich nicht nur die Essensvorräte für die nächste Woche, sondern gleich für die nächsten zwei. Und dann müssen Sie das alles wie einen Kobold auf dem Rücken mitschleppen – Sie können sich dieser Last dann Ihr ganzes Leben lang nicht für eine einzige Sekunde entledigen, egal ob Sie schlafen, arbeiten oder sich entspannen. In der westlichen Gesellschaft brauchen wir uns keine Gedanken mehr übers Verhungern zu machen. Wäre es nicht viel sinnvoller, die Extravorräte für mehrere Wochen im Kühlschrank zu lagern, anstatt sie für den Rest seines Lebens mit sich herumzuschleppen?

So schwer es vielleicht zu glauben ist, daß Fleisch, Milch und Milchprodukte nicht für die menschliche Verdauung geeignet sind, so ist es jedoch unmöglich, die eindeutigen Beweise abzustreiten. Aber welche Anhaltspunkte gibt es denn, welche Nahrungsmittel *für* uns geschaffen sind?

Ein brauchbarer Ansatz ist, herauszufinden, was wir gegessen haben, bevor unsere Instinkte durch unsere Intelligenz überlagert wurden. Dazu müssen wir zurückgehen in die Zeit lange vor den Höhlenmenschen, bevor wir gelernt hatten, Feuer zu machen, Samen zu säen oder Tiere zu domestizieren. Tatsächlich müssen wir die uns am nächsten stehenden Vorfahren betrachten.

Was essen Gorillas?

24
Was essen Gorillas?

Es ist allgemein anerkannt, daß die Affen unsere nächsten Verwandten sind. Sie könnten behaupten, daß ein ausreichender Zeitraum verstrichen ist, seit wir die Bäume verlassen haben, so daß sich unser Verdauungssystem an unsere veränderten Eßgewohnheiten angepaßt hat. Schauen Sie sich die Fakten an – wir sehen den Menschenaffen rein äußerlich immer noch sehr ähnlich, ganz besonders, wenn Sie sich die Behaarung wegdenken. Im Inneren sind wir eigentlich genau gleich. Erst vor kurzem wurde berichtet, daß die DNS eines Schimpansen zu 98 Prozent der eines Menschen entspricht.

Gorillas bevorzugen als Nahrung frisches Obst, wenn es in ausreichender Menge zur Verfügung steht. Wenn sie kein frisches Obst bekommen, dann ergänzen sie ihre Ernährung durch andere Pflanzen. Sie essen niemals Fleisch oder Milchprodukte. Einige Affen, wie z. B. Schimpansen, essen gelegentlich Fleisch, aber der Großteil ihrer Nahrung besteht aus Pflanzen.

Bevor Ihnen die Gorillas leid tun, denken Sie daran, daß sie immer ihre Lieblingsnahrung essen, vorausgesetzt, sie ist verfügbar, und wenn Sie beim nächsten Mal von einem sogenannten Experten belehrt werden, in Ihrer Ernährung würde ein Mangel an diesem oder jenem lebensnotwendigen Stoff bestehen, dann *denken Sie an den Gorilla!* Fragen Sie sich, warum er so viel stärker ist als Sie. Fragen Sie sich, wie der Mensch überlebt hat, bevor er das Feuer entdeckte, geschweige denn, wie er vor der Entdeckung der Vitamine überlebte. Benutzen Sie Ihren gesunden Menschenverstand:

Verlassen Sie sich auf die Bedienungsanleitung!

Vielleicht fragen Sie sich, warum Gorillas dann in Gefahr sind, ausgerottet zu werden, wenn sie so stark sind? Aus dem gleichen Grund, warum Tausende andere Arten vor ihrer Ausrottung stehen. Weil der Mensch ihre natürliche Umgebung verschmutzt, wenn nicht gar zerstört hat.

Ich behaupte, daß zur Bestimmung der natürlichen Ernährung, die die Natur für alle Menschen vorgesehen hat, alle Beweise in eine Richtung deuten – Früchte! Das ist es, was unsere nächsten Verwandten, die nicht dieser massiven Gehirnwäsche unterliegen, am liebsten essen. Und wenn Sie sich die Fakten ansehen, ist es auch das, was wir vorzugsweise essen!

All die Wackelpuddings und Eiscremes, die wir als Kinder liebten! Wie hätten sie geschmeckt, wenn man sie nicht mit Geschmack versehen hätte? Sie wären absolut geschmacksneutral gewesen. Haben wir sie mit Schweinefleisch-, Rindfleisch- oder Truthahnfleischgeschmack versehen? Nein, sie haben nach Erdbeer, Ananas, Vanille geschmeckt. Alles Extrakte aus Früchten oder Pflanzen. Und das wertvolle Fleisch, das wir so schätzen – wir müssen es nicht nur kochen, um es genießbar zu machen. Wenn es so toll schmecken würde, warum müssen wir es dann salzen, pfeffern, Knoblauch oder Soßen hinzufügen? Stellen Sie sich vor, sie müßten all das zu frischem Obst essen!

Woraus bestehen die Soßen, die wir zum Fleisch brauchen, damit es gut schmeckt? Wir in England essen Apfelsoße zum Schwein, Minzsoße zum Lamm, Preiselbeeren zum Truthahn, Meerrettich oder Senf zum Rind, Salbei und Zwiebeln werden zum Füllen von Hühnchen verwendet, eingelegtes

Gemüse zu kaltem Fleisch – alles Extrakte aus Früchten oder Pflanzen. Und welchen Geschmack geben wir unseren Milchshakes, Softdrinks oder Alkohol, um sie geschmacklich zu verbessern? Erdbeer, Himbeer, Banane, Orange, Zitrone, Ananas, Blaubeer, Limone etc.

Per Gehirnwäsche läßt man uns glauben, wir bräuchten die Soßen und Geschmacksrichtungen, um den Geschmack von Fleisch zu verfeinern. In Wirklichkeit schmeckt Fleisch nach nichts oder sogar ekelhaft ohne Soßen. Wenn Fleisch so gut schmeckt, warum müssen wir dann durch das Hinzufügen von Soßen seinen Geschmack verändern?

Kennen Sie ein stärkeres Gewürz als Knoblauch? Warum müssen wir Früchte nicht zur Geschmacksverbesserung mit Salz, Pfeffer oder Knoblauch verfeinern? Wenn Sie ein Essen mit Knoblauch würzen, schmecken Sie dann in Wirklichkeit nicht nur den Knoblauch? Warum brauchen Sie Knoblauch, wenn das Essen selbst gut schmeckt?

Der Wert von Früchten drückt sich auch unauslöschlich im Volksmund aus: An apple a day keeps the doctor away (Ein Apfel am Tag, und man braucht keinen Arzt).

Denken Sie an die Wichtigkeit eines hohen Flüssigkeitsgehalts beim Verdauen von Nahrung, beim Aufnehmen von Nährstoffen und dem Ausscheiden von Abfallstoffen! Kein anderes Nahrungsmittel genügt diesen Ansprüchen mehr als frisches Obst. Früchte müssen kaum verdaut werden. Sie werden beinahe sofort vom Magen weiter in den Darm geleitet, und dort können Energie und Nährstoffe für den Körper aufgenommen und genutzt werden. Deshalb essen Tennisspieler oft eine Banane zwischen den Spielen.

Sie könnten jetzt auch einwenden: Wenn ein hoher Wassergehalt so wichtig ist, warum war dann die Natur nicht intelligent genug, unsere Nahrung in flüssiger Form zur Verfügung zu stellen? Das hat sie! Viele Früchte bestehen zu über 90 Prozent aus Wasser. Das ist einer der Geniestreiche der

Natur – etwas, das im wesentlichen flüssig ist, in fester Form zur Verfügung zu stellen. Flüssigkeiten verlaufen, wohingegen feste Stoffe leichter zu transportieren und zu lagern sind. Hätten es Menschen in alter Zeit wirklich vorgezogen, sich mühsam zum nächsten Fluß zu begeben, um Wasser zu schöpfen? Ist es nicht viel bequemer, Samen auszusäen und Obstbäume direkt neben dem Haus wachsen zu lassen und die Obstbäume das Wasser und die Mineralstoffe aus der Erde herausziehen zu lassen? Obst wird Ihnen so als ein Nahrungsmittel voller lebenswichtiger Nährstoffe präsentiert, wohlschmeckend und saftig, mit dem Sie sowohl Ihren Hunger als auch Ihren Durst gleichzeitig stillen können. Sie haben jederzeit Zugriff und können das Obst nach Belieben wochenlang lagern. Lernen Sie dieses System schätzen! Wir neigen dazu, alles für selbstverständlich zu halten, aber je mehr wir darüber wissen, desto wunderbarer erscheint es uns. Bestaunen Sie ehrfürchtig, wie intelligent die Natur ist! Wir müssen nicht auf allen vieren in der Erde nach den lebenswichtigen Mineralstoffen suchen.

Ist Ihnen schon mal aufgefallen, daß selbst an heißesten Tagen frisches Obst nicht nur erfrischend, sondern auch immer kühl ist? Jegliche verarbeiteten Getränke sind das nur, wenn sie gekühlt werden oder wenn man Eis hinzufügt.

Der andere Vorteil von Obst ist, daß darin nur wenig Abfallstoffe enthalten sind, und diese können leicht ausgeschieden werden. Wenn Sie Obst essen, dann erhalten Sie ein Maximum an Energie und verwenden nur einen kleinen Prozentsatz dieser Energie für Verdauung, Aufnehmen von Nährstoffen und Ausscheiden von Abfallstoffen. Obst gibt Ihnen einen Energieüberschuß. Manche Leute könnten einwenden: Wer will schon überschüssige Energie? Dann fangen sie an, sich zu beklagen, sie seien hyperaktiv, ihre Nerven seien angeschlagen und sie könnten sich nicht entspannen – als ob zuviel Energie die Ursache für diese Probleme wäre. Sie können nicht *zuviel* Energie haben, genausowenig, wie man zuviel Geld haben kann. Energie ist ein wundervolles Gut und absolut notwendig für ein ausgefülltes und glückliches Leben.

Frisches Obst ist die ideale Nahrung für den Menschen. Babys lieben Früchte von Natur aus; sie müssen erst per Gehirnwäsche an den Genuß von Fleisch und Milchprodukten gewöhnt werden. Gleich nach frischem Obst kommen frisches Gemüse, Nüsse, Keime, Müsli, Getreide und andere Pflanzen. Falls Sie sich Sorgen über Vitaminmangel machen: Diese Nahrungsmittel liefern all die Vitamine und lebenswichtigen Mineralstoffe, die Sie benötigen. Wie ich vorher schon sagte, ist Vitaminmangel eines der Übel der zivilisierten Gesellschaft.

Ein weiterer großer Vorteil von frischem Obst und Gemüse ist ihr relativ geringer Preis, und wenn Sie einen eigenen Garten haben, dann ist es sogar kostenlos. Machen wir eine kleine Pause und

betrachten wir die Auswirkungen.

25
Betrachten wir die Auswirkungen

Beim Betrachten aller Beweise hoffe ich, daß klar ersichtlich ist, daß die für den Menschen geschaffene Nahrung frisches Obst ist, ergänzt durch Nüsse, Gemüse, Getreide und bestimmte andere Pflanzen. Sei es wegen der Energie, der Faserstoffe, der Vitamine, der Mineralien, des hohen Wassergehalts, der leichten Verdaulichkeit, der Energie- und Nährstoffgewinnung oder der Ausscheidung von Gift- und Abfallstoffen – frisches, reifes Obst ist für uns die ideale Nahrung. Außerdem riecht es angenehm, schmeckt süß und ist erfrischend. Aber das wirklich Entscheidende ist, daß man keine Zusätze braucht. Es sind natürliche Nahrungsmittel. *Das ist die Nahrung, die die Natur empfiehlt!*

Sie könnten argumentieren, warum die Natur dann eine solche Vielzahl von Früchten zur Verfügung stellt? Wäre es nicht leichter, wenn der Schöpfer nur eine Nahrungsgruppe pro Art zur Verfügung stellt? Es wäre vielleicht einfacher gewesen, aber es wäre auch unglaublich langweilig. Ich für meinen Teil bin sehr dankbar, daß es eine solche Vielfalt gibt. Denn schließlich ist die Abwechslung die Würze des Lebens – das ist wiederum ein weiterer Beweis, daß unser Schöpfer wollte, daß wir das Leben genießen.

Stünde uns nur eine einzige Nahrungsgruppe zur Verfügung, hätten wir nicht vehement protestiert? Unsere Angst, vegetarisch zu leben, ist doch weniger darin begründet, daß wir kein Obst mögen. Der Grund ist doch vielmehr, daß wir ein Verlustgefühl hätten, weil wir viele Nahrungsmittel, die wir als wertvoll betrachten, dann nicht mehr essen dürften.

Wir haben bereits festgestellt, daß frisches Obst, Nüsse, Gemüse, Getreide und bestimmte andere Pflanzenarten die einzige Nahrung sind, die der Mensch leicht in ihrem natürlichen Zustand verzehren und verdauen kann, ohne daß der *intelligente* Mensch daran herumgepfuscht hätte. Nicht nur Kinder lieben Obst. Alle Menschen lieben es instinktiv. Vielleicht ziehen Sie ein Hühnchengericht einer Schale köstlicher Erdbeeren, einer Handvoll Trauben oder einer Ananas, Melone, Birne, saftigen Orange oder was auch immer vor, aber Sie wurden der Gehirnwäsche ausgesetzt. Ein Kind wird immer die Früchte wählen.

Inzwischen werden sogar die etablierten Institutionen, die ursprünglich für die Gehirnwäsche verantwortlich waren, nach und nach dazu gezwungen, das Unvermeidliche zu akzeptieren. Nachdem wir in dem Glauben aufwuchsen, daß Nahrungsmittel wie Rindersteak und vollfetter Doppelrahm am besten schmecken und am besten für uns sind, wird uns nun empfohlen, nicht mehr so viel Fleisch zu essen, ganz besonders nicht rotes Fleisch. Viele Menschen gehen also zu Hühnerfleisch und zu Magermilch über und denken, sie hätten jetzt das Beste von beiden Seiten. Jeder, selbst offizielle Stellen – normalerweise die letzten, die einen Richtungswechsel zugeben – raten nun, mehr frisches Obst und Gemüse zu essen.

Vielleicht ist rotes Fleisch schädlicher als weißes, und offensichtlich ist Magermilch weniger schädlich als vollfette Milch. Aber ist das nicht so, als würde man Ihnen nahelegen, Ihren Arsenkonsum zu reduzieren oder zu Strychnin zu wechseln, das weniger giftig ist?

Warum sagen uns die offiziellen Stellen nicht klar, daß Fleisch und Milchprodukte schlecht für uns sind und daß wir frisches Obst, Gemüse und Nüsse essen sollten? Liegt es daran, daß sie nicht den Mut zu einer Kehrtwende haben und dazu, ihren Irrtum zuzugeben? Liegt es an den massiven finanziellen Interessen, die dahinterstecken? Liegt es daran, daß sie nur schwer oder unmöglich glauben können, daß sich der zivilisierte Mensch so geirrt haben soll?

Vielleicht ist es eine Kombination aus all diesen Faktoren. Aber bevor wir die Gesellschaft verdammen: Können wir denn mit den vielfältigen Auswirkungen umgehen? Denn trotz allem ist das nicht leicht. Denken Sie an die jahrhundertelange Forschung und Erfahrung bei der Kombination verschiedener Nahrungsmittel. Denken Sie an die Tausende von Kochbüchern. Sie müssen erkennen, daß das einzige Ergebnis all dieser Forschung nicht eine Geschmacksverbesserung der saftigsten und nährstoffreichsten Nahrung ist, sondern daß Junk Food zum Nonplusultra erklärt wird.

Ich muß betonen, daß, abgesehen von Konzernen, wie z. B. den Schokoladenherstellern, die sich ihrer Absichten völlig bewußt sind, die Intention all der Hobbyköche, Kochspezialisten und Autoren von Kochbüchern die war, unsere Speisen zu verbessern. Nichtsdestoweniger resultierten ihre Bemühungen darin, daß wir nur das Zweitbeste essen; entweder indem nährstoffreiches Essen totgekocht wurde, oder Junk Food als das wirklich Beste galt.

Das ist keine leicht zu fassende Tatsache. Man braucht sowohl Mut als auch Vorstellungskraft, dies zu akzeptieren. Aber es ist absolut wichtig, daß Sie es akzeptieren. Hüten Sie sich vor jeglicher Nahrung, die nicht in ihrem natürlichen Zustand ist. Das ist auch Ihre achte Anweisung:

Vermeiden Sie konservierte Nahrung!

26
Vermeiden Sie konservierte Nahrung

Um die Gehirnwäsche umzukehren, ist es wichtig, die Auswirkungen des Verzehrs von konservierter Nahrung umfassend zu verstehen.

Egal, ob Sie die Nahrung kochen, raffinieren, einfrieren, räuchern, einlegen, in Dosen oder in Flaschen füllen, süßen, trocknen oder mit Salz oder anderen Zusatzstoffen anreichern, das Konservieren von Nahrung hat drei sehr schädliche Auswirkungen. Zuerst einmal tötet es alle Nährstoffe. Zum zweiten werden Gifte hinzugefügt, und zum dritten wird der überaus wichtige hohe Wassergehalt verringert.

Sie könnten dagegenhalten, daß man diesem Dehydrierungseffekt ja durch Kochen mit Wasser entgegenwirken kann oder indem man zu den Mahlzeiten trinkt. Leider funktioniert es so einfach nicht – das ist wiederum Plastikkorb-Denken. Ihr Körper ist darauf ausgerichtet, die Nahrung in der Form zu verarbeiten, wie sie die Natur geschaffen hat. Tatsächlich kann Trinken während der Mahlzeit eher noch die Probleme vergrößern, indem es die Verdauungssäfte aus dem Magen spült.

Wir neigen dazu, Hunger einfach nur als eine Sache anzusehen, mit der unser Körper signalisiert, daß er Nahrung braucht. In Wirklichkeit ist Hunger viel mehr als das. Wildlebende Tiere haben Verlangen nach verschiedenen Nahrungsmitteln, je nachdem, welche Nährstoffe ihnen fehlen.

Wir interpretieren den Heißhunger schwangerer Frauen immer als ziemlich unlogisch. In Wirklichkeit ist er sehr logisch – ihr Körper sagt ihnen, daß er weitere Nährstoffe braucht, um die Bedürfnisse des neuen Lebens und ihre eigenen wechselnden Bedürfnisse zu befriedigen. Dieses Beispiel zeigt wiederum, wieviel höher entwickelt Ihr Körper im Vergleich zu einem Auto ist. Bei Ihrem Auto werden Kraftstoff und Betriebsmittel durch verschiedene Systeme zur Verfügung gestellt. In Ihrem Körper liefert ein und dieselbe Nahrung sowohl Energie als auch Betriebsmittel, und alles wird durch ein und denselben Mund und durch ein und dasselbe Verdauungssystem verarbeitet.

Ihr Auto ist so minderwertig, daß es regelmäßig vom Menschen gewartet werden muß. Unterschiedliche Teile nutzen sich zu unterschiedlichen Zeiten ab und müssen ausgewechselt werden. Selbst wenn man berücksichtigt, daß alle Teile eines Autos austauschbar sind, ist doch die Lebensdauer des modernen Autos im Durchschnitt niedriger als fünfzehn Jahre.

Der menschliche Körper wartet sich während seiner gesamten Lebensdauer selbst. Trotz der Tatsache, daß wir ihn wie einen Mülleimer behandeln und ihn mit Tabak, Alkohol, Abgasen und anderen Schadstoffen vergiften, schlägt das Herz durchschnittlich über siebzig Jahre, ohne auch nur einen einzigen Schlag auszusetzen. Ich frage mich, wie der Durchschnitt aussehen würde, wenn wir unseren Körper mit dem Respekt behandeln würden, den er verdient. Leider ist durch die moderne Medizin auch eine Ersatzteil-Mentalität entstanden. Glauben Sie wirklich, daß Herz-, Lungen- oder Nierentransplantationen eine intelligente Alternative sind? Braucht man wirklich einen Einstein für die Erkenntnis, daß die einzige vernünftige Alternative ist, die Ursachen von Organversagen zu vermeiden?

Wenn Essen nur gut schmeckt, wenn man Hunger hat,

warum essen manche Menschen dann weiter, wenn sie satt sind? Sie können keinesfalls noch hungrig sein. Die einzige plausible Erklärung müßte also sein, daß das Essen immer noch gut schmeckt. In Wirklichkeit ist die Situation genau umgekehrt. Das Essen fängt an, ekelhaft zu schmecken. Wir nennen solche Menschen unersättlich oder zwanghafte Esser, aber sie *sind* tatsächlich noch hungrig.

Wie kann das der Fall sein? Wie kann man sich gleichzeitig voll und hungrig fühlen? Wenn Sie Ihren Körper mit Junk Food vollgestopft haben, dann haben Sie ihm nicht die Nährstoffe und Energie gegeben, die er verlangt. Der Punkt ist – und ich glaube, das ist der wirkliche Schlüssel zu ALLEN CARR'S EASYWAY® –, der Körper sendet so lange Signale an das Gehirn, bis er die richtigen Kraft- und Nährstoffe bekommen hat, die er benötigt. Sie fühlen sich sonst zwar voll, aber immer noch hungrig.

Merkwürdigerweise fühlen Sie sich bald darauf noch hungriger oder unzufriedener. Vielleicht überrascht es Sie zu hören, daß wir mehr Energie für das Verdauen, Aufnehmen und Ausscheiden unserer Nahrung verwenden als für jegliche andere Aktivität. Das ist uns normalerweise nicht bewußt, denn wenn wir unser Essen einmal geschluckt haben, geht der Prozeß automatisch vonstatten. Das ist der Grund, warum wir nach einem großen Festessen so müde werden und erst einmal ein Nickerchen machen müssen.

Wenn Sie also Ihren Körper mit Junk Food abfüllen, dann erhalten Sie nicht nur keine notwendigen Energien und Nährstoffe, sondern Sie machen das Ganze doppelt so schlimm, indem Sie Ihre bereits erschöpften Energiereserven und lebensnotwendigen Nährstoffe zum Ausscheiden des Abfalls vergeuden.

Wie können wir das Problem lösen? Indem wir noch mehr Junk Food essen? Das löst nicht nur das Problem nicht, sondern macht es sogar noch größer. Das ist der Grund, warum Menschen, die viel Übergewicht haben, trotzdem immer weiteressen:

Sie stillen niemals ihren Hunger!

Ein Weihnachtsessen ist ein klassisches Beispiel. Wir schlingen einen Gang nach dem anderen in uns hinein, und doch brauchen wir immer mehr. Je mehr Junk Food wir essen, desto mehr Energie brauchen wir für seine Verdauung und Verarbeitung. Schließlich werden wir nur dadurch gerettet, daß wir rein körperlich keinen einzigen Bissen mehr essen können. Aber fühlen wir uns jetzt fit und voller Energie? Ganz im Gegenteil, wir wollen nur noch schlafen und unserem Körper die unmögliche Aufgabe überlassen, all dieses Durcheinander zu verdauen und auszuscheiden.

Vielleicht ist der Vergleich mit Durst leichter zu erkennen. Durst ist ein Signal des Körpers, mit dem er sagt: Ich brauche Wasser. Wir brauchen kaum mehr als ein Glas Wasser, um unseren Durst zu stillen. Wenn Sie aber versuchen, Ihren Durst mit Bier zu stillen, dann können Sie zwei, drei oder mehr Halbe trinken, und Sie fühlen sich immer noch durstig. Das liegt daran, daß Bier Alkohol enthält, und Alkohol – weit davon entfernt, den Durst zu stillen – verursacht in Wirklichkeit eine Austrocknung des Körpers. Genau das gleiche Prinzip trifft beim Essen zu. Essen Sie das Falsche, verspüren Sie ständig Hunger. Außerdem sind Sie dauerhaft übergewichtig, träge und bei schlechter Gesundheit. Es ist wichtig, daß Sie die Argumentation hinter der neunten Anweisung verstehen, die da lautet:

Versuchen Sie Ihren Hunger mit richtiger Nahrung und nicht mit Junk Food zu stillen!

Beachten Sie bitte, daß ich bei der letzten Anweisung nicht kategorisch bin – ich sage »versuchen Sie« anstatt »Sie müssen«. Der Grund dafür ist die Junk-Food-Toleranz. Anfangs ist es nicht so wichtig, sich über diesen Aspekt Gedanken zu machen. Je weiter Sie mit dem Programm kommen, desto mehr werden Sie feststellen, daß Ihr Verlangen nach Junk Food Schritt für Schritt weniger wird und es letztlich zur Ausnahme statt zur Regel wird. Es ist jedoch wichtig, von Anfang an zu verstehen, daß Sie Ihren Hunger so lange nicht stillen, solange Sie Ihrem Körper nicht die Energie und Vitamine geben, nach denen er verlangt.

Wir essen, um Energie zu bekommen. Wenn wir viel Junk Food essen, dann verbrauchen wir mehr Energie für die Verdauung und das Ausscheiden der Giftstoffe, als wir bekommen. Das ist der Grund, warum so viele Menschen beim Aufwachen müde und träge sind statt ausgeruht und voller Energie.

Nun könnte man meinen, daß Junk Food zu essen das Schlimmste ist, was man seinem Körper antun kann. Tatsächlich gibt es aber eine noch größere Gefahr, der sich der zivilisierte Mensch regelmäßig aussetzt:

raffinierte Nahrung.

27
Raffinierte Nahrung

Frische, reife Früchte zu essen ist ein wahrer Genuß: zum einen, weil der Geschmack angenehm ist, zum andern, weil sie süß schmecken. Außerdem macht der hohe Wassergehalt ein Aufnehmen der Nährstoffe leicht und löscht den Durst. Wir essen gerne Nüsse, weil auch sie süß schmecken.

Ich will noch erklären, wie der intelligente Mensch sich selbst zu dem Glauben verleitet hat, daß Junk Food gut schmeckt. Ich habe schon beschrieben, wie wir unsere Geschmacksnerven und unsere natürlichen Instinkte täuschen – wir fügen dem Junk Food Fruchtgeschmack hinzu. Eine weitere Technik ist, raffinierten Zucker hinzuzufügen, damit es süß schmeckt.

Beim Raffinieren von Zucker geht praktisch der letzte Rest an Nährstoffen verloren. Beinahe alle Faserstoffe, Vitamine und Mineralien werden entfernt, zurück bleibt nur der tote Rest. Zucker macht Leute dick, weil er nur leere, minderwertige Kalorien und überschüssige Kohlehydrate liefert, die in Fett umgewandelt werden. Wenn Sie stark zuckerhaltige Nahrungsmittel essen, weil sie süß schmecken, dann gaukeln Sie Ihrem Körper vor, er erhalte wohltuende Nahrung.

Sie könnten argumentieren, daß man manchmal sogar Erdbeeren mit Zucker verbessert. Nur dann, wenn sie nicht reif sind. Obst soll man aber nur im reifen Zustand essen. Wenn Sie unreife Früchten zuckern, dann verbessern Sie nicht den

Geschmack der Frucht, sondern fügen dem Zucker lediglich Fruchtgeschmack hinzu.

Ich habe erklärt, warum man sich voll fühlen kann und trotzdem noch hungrig ist. Das Essen künstlich gesüßter Nahrungsmittel macht es sogar noch schlimmer. Sie haben dann Ihren Körper nicht nur nicht mit Energie und Nährstoffen versorgt, sondern nicht einmal Ihren Magen gefüllt. Also fühlen Sie sich nicht nur hungrig, sondern heißhungrig. Wie lösen wir dieses Problem normalerweise? Indem wir mehr Junk Food essen. Lösen Sie es damit? Natürlich nicht! Sie machen es nur noch schlimmer.

Der Grund für Übergewicht ist nicht, daß wir zuviel essen, sondern daß wir zuviel Falsches essen. Ihr Körper kann sich, obwohl er sein absolut Bestes tut, nicht mehr all des Abfalls und der Gifte entledigen, die Sie ihm zuführen.

Wir kennen also die Art von Nahrung, die für uns am besten ist, und die Art von Nahrung, die für uns am schädlichsten ist. Aber bevor wir jetzt zur praktischen Umsetzung beim Anpassen unserer Eßgewohnheiten kommen, müssen Sie erst noch zwei weitere wichtige Prinzipien verstehen:

**den richtigen Zeitpunkt
und die richtige Kombination.**

28
Der richtige Zeitpunkt und die richtige Kombination

Zum richtigen Zeitpunkt gibt es nur eine Regel – und die lautet: kein Obst zu essen, wenn in Ihrem Magen noch andere Nahrungsmittel sind. Die Gründe dafür werden offensichtlich, wenn wir uns mit der richtigen Kombination beschäftigt haben.

Ich habe die Kombination verschiedener Nahrungsmittelarten immer nur unter dem Aspekt betrachtet, ob sie geschmacklich zusammenpassen. Ich war ein typischer Mülleimer-Praktiker – meine einzige Pflicht war, dafür zu sorgen, daß das Essen gut schmeckt. Wenn ich es dann geschluckt hatte, war meine Verantwortung erledigt.

Allesfresser wie Ziegen können viele verschiedene Nahrungsarten verdauen. Und doch essen sie nur selten mehr als eine Nahrungsmittelart pro Mahlzeit. Zusätzlich zu den Problemen, die wir durch die Weiterverarbeitung unserer Nahrung erzeugt haben, haben Ackerbau und Viehzucht sowie das Haltbarmachen und Lagern einer Vielzahl von Nahrungsmitteln ein weiteres ernstes Problem geschaffen – nicht nur viele verschiedene Nahrungsmittel bei einer Mahlzeit zu essen, sondern sogar mit dem gleichen Bissen.

Warum sollte das ein Problem sein? Weil unser Verdauungssystem nicht dafür geschaffen ist, mit lauter verschiedenen Nahrungsmitteln bei einer Mahlzeit fertigzuwerden. Bevor Sie nun die Hände über dem Kopf zusammenschlagen:

Das bedeutet nicht, daß Sie pro Mahlzeit nur noch ein Nahrungsmittel essen dürfen. Aber Sie müssen verstehen, was in Ihrem Körper passiert, wenn Sie nicht zusammenpassende Nahrungsmittel kombinieren. Ebenso wie durch das Weiterverarbeiten nährstoffreiche Nahrung in Junk Food verwandelt wird, kann das auch durch ungünstig kombinierte Nahrung geschehen. Zusätzlich vermehren schlecht kombinierte Mahlzeiten auch Störungen bei der Verdauung, der Nährstoffaufnahme und Ausscheidung.

Ein geläufiges Beispiel ist die Kombination von einem hoch eiweißhaltigen Nahrungsmittel wie Fleisch mit einem überwiegend kohlehydrathaltigen wie Kartoffeln. Im Magen werden säurehaltige Verdauungssäfte erzeugt, um das Eiweiß zu verdauen. Die für das Aufspalten von Kohlehydraten notwendigen Verdauungssäfte sind basisch. Und was passiert, wenn Sie eine Lauge mit einer Säure mischen? Sie neutralisieren sich gegenseitig. Das Ergebnis ist, daß weder das Fleisch noch die Kartoffeln verdaut werden können. Sie haben Ihren Magen mit einer unlösbaren Aufgabe konfrontiert. Er produziert noch mehr Säuren, die dann durch noch mehr Laugen neutralisiert werden. Das Ergebnis ist Stagnation, Sodbrennen und Verdauungsstörungen.

Während all das passiert, ist es wahrscheinlich, daß noch weitere Nahrungsmittel in den Verdauungsapparat kommen, und daraus resultiert ein noch größeres Chaos. Ich habe erklärt, warum Früchte die für den Menschen ideale Nahrung sind. Leider neigen wir dazu – wenn wir überhaupt Obst essen –, dies als Dessert am Ende der Mahlzeit zu tun. Wenn Sie aber Obst essen, während noch andere unverdaute Nahrungsmittel im Magen sind, dann können diese nicht in den Darm gelangen. Dadurch werden sie Teil der verrottenden Masse, und jegliche darin enthaltenen Nährstoffe gehen verloren. Wenn Sie das nächste Mal Sodbrennen oder Verdauungsprobleme haben, dann versuchen Sie einmal, sich diese

Ansammlung von Fleisch und pflanzlichen Stoffen in Ihrem Magen vorzustellen. Schlecht kombinierte Nahrung kann über acht Stunden im Magen verweilen. Schließlich sagt der Magen: Sorry, ich habe mein Bestes getan, aber ich kann nichts machen, und er gibt diese unverdauliche Masse an den Darm weiter. Viel kann der Darm dann auch nicht tun. Jegliche Nährstoffe, die in der Nahrung enthalten waren, sind bereits zerstört. Jegliche Energie, die hätte herausgezogen werden können, wurde dafür verbraucht, mit einer verfaulenden, zerfallenden, giftigen Masse fertigzuwerden, die durch das Verdauungssystem muß und derer sich der Körper irgendwie entledigen muß.

Alle Nahrungsmittel außer Obst brauchen im Durchschnitt 25 bis 30 Stunden, um den gesamten Verdauungstrakt zu durchlaufen. Bei Fleisch wird diese Durchgangszeit mehr als verdoppelt. Versuchen Sie sich vorzustellen, wieviel Energie verbraucht wird und welche zusätzliche Belastung es für unseren Körper ist, wenn wir versuchen, diese Masse und diesen Abfall durch unsere zehn Meter Darm zu zwingen. Hier sind die

Richtlinien für die richtige Kombination.

29
Richtlinien
für die richtige Kombination

1. Essen Sie Obst nicht zusammen mit anderen Nahrungsmitteln.
2. Essen Sie während einer Mahlzeit nicht Eiweiß zusammen mit Kohlehydraten.
3. Essen Sie pro Mahlzeit nicht mehr als ein konzentriertes Nahrungsmittel. Konzentrierte Nahrungsmittel sind alle Nahrungsmittel außer frischem Obst und Gemüse.
4. Nicht stärkehaltige Gemüsesorten (hoher Wassergehalt) können sowohl durch basische als auch säurehaltige Verdauungssäfte verdaut werden und können deshalb entweder mit Eiweiß (Fleisch, Fisch, Geflügel und Milchprodukten) oder mit Kohlehydraten (Weizen, Brot, Reis, Nudeln, Kartoffeln oder Getreide) kombiniert werden.

Ein weiterer wichtiger Faktor ist

der richtige Zeitpunkt.

Es gibt nur eine Regel für den richtigen Zeitpunkt, und die gilt für Obst. Sie sollten Obst weder mit anderen Nahrungsmitteln kombinieren, noch sollten Sie Obst essen, wenn Ihr Magen nicht ganz leer ist. Deshalb bietet sich das Frühstück als idealer Zeitpunkt zum Obstessen an. Bitte warten Sie auch nach dem Verzehr von Obst eine halbe Stunde, bevor Sie andere Nahrungsmittel zu sich nehmen.

Nach den obengenannten Richtlinien denken Sie sich wahrscheinlich, das bedeutet, daß Sie nie wieder Currywurst mit Pommes, Käse mit Brot, Eier mit Toast oder Müsli mit Milch essen können! Nein, das bedeutet es nicht. Das ist das Schöne an ALLEN CARR'S EASYWAY®. Es gibt keinerlei Einschränkungen. Die oben genannten Prinzipien sind keine Regeln oder Anweisungen, sie sind ein Teil der Bedienungsanleitung. Es geht hier nicht um eine Diät. Sie werden einfach nur Ihre Eßgewohnheiten verändern, so daß jede Ihrer Mahlzeiten zum Genuß wird. Der ganze Sinn und Zweck ist es, aus diesen Prinzipien eher die Regel als die Ausnahme zu machen. Es ist nicht schlimm, ab und zu gegen die Regeln zu verstoßen. Sie können sogar an der normalen Weihnachtsvöllerei teilnehmen, ohne Gewicht zuzulegen und ohne das dazugehörige unausweichliche Schuldgefühl zu haben.

Aber der einzige Zweck dieser Prinzipien ist es, Nahrung so durch Ihren Körper zu bringen, daß Sie die maximale Menge an Nährstoffen und Energie mit einer minimalen Anstrengung erhalten. So bleibt Ihnen ausreichend Energie, einmal, um die giftigen Abfallstoffe aus dem Körper zu entfernen, und zum andern, um sich wirklich fit und stark zu fühlen. Vergessen Sie nie: Die am besten schmeckenden Mahlzeiten sind zufälligerweise auch die, die Sie mit einem Maximum an Energie und Gesundheit versorgen. Sehen wir uns nun einen weiteren wichtigen Punkt an:

Getränke.

30
Getränke

Haben Sie sich jemals gewünscht, Sie hätten Monopoly oder den Zauberwürfel erfunden? Was glauben Sie, war der Traum der Marketingspezialisten? Überlegen Sie einmal, wie reich Sie bei all diesen wohlhabenden, übergewichtigen, kalorienbewußten Menschen auf dieser Welt werden könnten, wenn Sie ein Getränk entdeckten, das keinerlei Kalorien hat und noch besser schmeckt als irgendein anderes bekanntes Getränk und auch besser den Durst löscht als jedes andere Getränk!

Leider haben Sie da den Anschluß verpaßt. Monsieur Perrier hat erkannt, was das war, und zwar schon vor etlichen Jahren, und viele andere haben mit seiner Entdeckung ebenfalls viel Geld gemacht. Er beschreibt sein Produkt als »natürliches Mineralwasser aus der Quelle«, versetzt »mit Gas«. Er sagt nicht, welche Quelle oder welche Art von Gas. Aber das Wasser perlt wie Champagner. Bezeichnenderweise haben Monsieur Perrier und seine Mitbewerber eine Menge Geld für die Werbung für dieses geniale Produkt ausgegeben.

Der wirkliche Erfinder hat das Produkt aber bereits vor drei Milliarden Jahren entwickelt. Tatsächlich fließt es kostenlos aus jedem Gebirgsbach. Es ist das Getränk, mit dem alle anderen Lebewesen ihren Durst stillen. Und bis auf die letzte Mikrosekunde in der Geschichte der Menschheit war es auch das einzige Getränk der Menschen, sobald sie keine Muttermilch mehr bekamen.

Die Menschen haben jedoch Intelligenz. Diese hat es ihnen ermöglicht, das Produkt zu »verbessern«, das von einer Intelligenz geschaffen wurde, die milliardenfach größer ist als die des Menschen. Fragen Sie jeden beliebigen Fußballspieler, mit welchem Getränk er nach einem Spiel am besten seinen Durst löschen kann, und neun von zehn werden antworten, entweder ein Helles oder Radler, in England heißt es sogar ein »Bitter«.

Bier schmeckt bitter, und laut meinem Wörterbuch bedeutet »bitter« einen rauhen oder unangenehmen Geschmack. Dieses spezielle Bier in England heißt »Bitter«, weil es bitter schmeckt. Und ich habe bis jetzt noch niemanden getroffen, der sich bei seinem ersten Bier, ob es jetzt nun Pils, ein Helles, ein Dunkles, ein Weißbier oder was auch immer war, nicht heimlich dachte: Muß ich dieses Zeug wirklich trinken? Ich hätte lieber ein Glas Limonade. Aber nur Kinder trinken Limonade, erwachsene Männer trinken Bier! Ist also Limonade das, was wir trinken sollten? Nein. Der Glaube, daß Limonade gut ist, ist wiederum das Ergebnis der Gehirnwäsche, der wir von unserer Kindheit an bis zum Erwachsenenalter ausgesetzt sind.

Die Gehirnwäsche ist so effektiv, daß man uns sogar überzeugt hat, Bier zu trinken, das keinen Alkohol enthält. Denken Sie mal darüber nach: Erst trainieren wir unseren Körper und unseren Geist, immun gegen diesen ekelhaften Geschmack und Geruch zu werden, damit wir den Effekt haben, vom Alkohol berauscht zu sein. Dann entfernen wir den Alkohol, und uns bleibt nur noch der ekelhafte Geruch und Geschmack, und dann versuchen wir uns selbst vorzumachen, daß wir das genießen!

Egal, ob es sich um Essen oder Getränke handelt, ich zeige nur auf, wie leicht intelligente Menschen hinters Licht geführt werden können. Wenn uns per Gehirnwäsche eingeredet werden kann, daß wir der Geschmack eines Getränkes genießen, das »Bitter« heißt, weil es bitter schmeckt, wieviel leichter ist es dann, uns Sand in die Augen zu streuen, daß Getränke wie Coca Cola gut schmecken, selbst wenn das süchtig machende Kokain daraus entfernt wurde. Diese Gehirnwäsche ist in Wirklichkeit so effektiv, daß viele Leute glauben, daß ein Getränk nur dann trinkbar ist, wenn es von grüner oder lila Farbe ist, ein Pfund Früchte mit hineingemischt wurde und ein Schirmchen obendrauf sitzt. Würden unser Hund oder unsere Katze so etwas trinken, käme uns das absurd vor.

Ich finde es erstaunlich, daß gewichtsbewußte Menschen keine Sahne auf ihr Dessert wollen, dabei aber vor der Hauptmahlzeit verzückt diese oder jene Cremesuppe verspeisen und nach dem Essen einige Gläser Likör oder ähnliche, meist sahnehaltige Getränke trinken.

Seltsam, daß Monsieur Perrier und seine Mitbewerber so viel Geld dafür ausgeben mußten, um uns von dem zu überzeugen, was die Bedienungsanleitung uns schon die ganze Zeit sagte:

Das erfrischendste Getränk ist kaltes, klares Wasser.

Vielleicht zweifeln Sie noch an dieser Tatsache. Wollen wir objektiv sein. Denken Sie zurück und versuchen Sie sich an Situationen zu erinnern, in denen Sie wirklich den Geschmack eines Getränks genossen haben. Dann antworten Sie vielleicht spontan, daß Sie stets ein Glas Wein zu einem Essen genießen. Das tue ich auch, aber ich kann mich nicht daran erinnern, das Glas in zwei großen Schlucken ausgetrunken zu haben, es dann aufzufüllen und den Vorgang zu wiederholen. In Wirklichkeit liegt mein Genuß beim Weintrinken zu einem Essen weniger im Löschen des Durstes, sondern vielmehr in dem Gefühl, daß das Essen ohne Wein irgendwie unvollständig wäre. Ich erkenne, daß das nicht so sehr eine Notwendigkeit als vielmehr ein Teil der Gehirnwäsche ist.

Sie sollen sich an die Situationen erinnern, in denen Sie so durstig waren, daß Sie einen halben Liter egal von welcher Flüssigkeit getrunken haben, plus einen weiteren halben Liter innerhalb von wenigen Sekunden. Funktioniert das nicht nach dem gleichen Prinzip wie Hunger? Wenn Sie wirklich Hunger haben, dann schmeckt jedes Essen gut. Denken Sie daran, daß die meisten Getränke, einschließlich Bier, hauptsächlich aus Wasser bestehen; wenn Sie wirklich durstig sind, dann schmeckt jegliche kalte und klare Flüssigkeit phantastisch, die durch Ihre Kehle fließt und Ihren Durst löscht, sei es nun Bier, Cola, Limonade oder die erfrischende und gesundheitsspendende Flüssigkeit, die der Schöpfer so konzipiert hat, daß sie unsere Bedürfnisse befriedigt:

kaltes, klares, sauerstoffhaltiges, reinigendes und erfrischendes Wasser.

Vielleicht finden Sie das immer noch schwer zu glauben. Aber stellen Sie sich vor, Sie sind ohne Wasser in der Wüste. Die Sonne brennt, und Ihre Kehle ist seit Stunden ausgetrocknet. Sie glauben wirklich, daß Sie vor Durst sterben. Nach welchem Getränk würden Sie sich sehnen? Stellen Sie sich vor, dann geschieht ein Wunder und Sie stoßen auf ein schickes Hotel inmitten einer Oase. An der Bar aufgereiht stehen Gläser voller sprudelnder Limonaden und Cola, ein Glas Bier mit Schaum und ein Glas kühles, klares Wasser. Was glauben Sie, für welches Sie sich entscheiden würden? Vielleicht denken Sie, daß Ihre Wahl auf das Bier fallen würde. Ich glaubte immer, ich hätte die Limonade gewählt. Jetzt weiß ich es besser.

Ich habe einmal in Spanien versucht, einen Berg zu besteigen. Ich hatte mich in der dschungelartigen Umgebung verirrt und glaubte, ich würde verdursten. Ich konnte nur noch an Wasser denken. Als ich dann schließlich die Zivilisation erreichte, konnte ich zwischen den üblichen Getränken wählen, mit denen wir normalerweise unseren Durst stillen. Ich fragte nach Wasser. Mir war es gleichgültig, ob es kühl oder klar war, ich brauchte einfach nur Wasser. Merkwürdigerweise konnte ich mich bis zu diesem Zeitpunkt nicht daran erinnern, wann ich zum letzten Mal ein Glas Wasser getrunken hatte.

Genauso wie die moderne Gesellschaft uns durch die Gehirnwäsche beinahe völlig von konservierter Nahrung abhängig gemacht hat, wurden wir dazu gebracht, uns für konservierte Getränke zu entscheiden. Die Menschen können nicht einmal widerstehen, dem Wasser, das aus unseren Wasserhähnen kommt, Zusätze zu verpassen.

Sie könnten jetzt sagen, daß es zu unrein wäre, wenn es nicht behandelt würde. Vielleicht haben Sie recht. Aber ist das nicht ein weiterer Anklagepunkt gegen die zivilisierte Menschheit? Wir haben unsere natürlichen Quellen so verschmutzt, daß wir nicht mehr daraus trinken können. Aber wildlebende Tiere können das. Ohne Zweifel haben die Verschmutzung und die zweifelhafte Qualität unseres Trinkwassers dazu beigetragen, nach neuen Getränken zu suchen. Ich habe auch keinen Zweifel daran, daß der Druck seitens offizieller Stellen, weiterhin Milch zu trinken, mit dazu beigetragen hat, diesen Trend in unseren Köpfen zu festigen. Es ist nicht überraschend, daß mächtige Konzerne uns davon überzeugen konnten, daß genau ihr spezielles Getränk oder ihre spezielle Marke uns erfrischt und uns mit Nährstoffen, Gesundheit und Energie versorgt.

Wir betrachten es als selbstverständlichste Sache der Welt, mit einer Tasse Kaffee oder Tee wach zu werden. Aber daran ist absolut nichts natürlich. Das sind vom Menschen erfundene Getränke. Beide bestehen hauptsächlich aus Wasser, und was Sie eigentlich genießen, ist, einen in acht Stunden Schlaf entwickelten Durst zu löschen.

Das wirklich Interessante am Tee und Kaffee ist, daß beide eine süchtig machende Droge namens Koffein enthalten, und wenn Koffein Ihren Körper verläßt, dann entsteht ein leeres Gefühl, das Sie veranlaßt, noch mehr Koffein zu sich nehmen zu wollen. Die zweite Tasse trinken Sie dann nicht, um Ihren Durst zu stillen, sondern um die Entzugssymptome zu lindern, die die erste Tasse erzeugt hat. Die dritte Tasse lindert dann die Entzugssymptome von der zweiten Tasse usw. usw. Es gibt viele Koffeinsüchtige, die mehr als zehn Tassen pro Tag trinken und nicht verstehen, warum sie ständig gereizt und durstig sind.

Unglaublich, aber es ist den Kaffeeherstellern gelungen, den gleichen Trick anzuwenden wie die Hersteller von alkoholfreiem Bier. Vorausgesetzt, Sie sind nicht durstig, dann ist der einzige Genuß am Kaffeetrinken der, daß man den Koffeinentzug lindert. Wenn Sie das Koffein entfernen, dann gibt es keinen Grund mehr, Kaffee überhaupt zu trinken – und wir glauben, daß wir intelligente Menschen sind?

Gut, vielleicht trinken Sie alkoholfreies Bier oder koffeinfreien Kaffee, weil Sie wirklich glauben, Sie genießen den Geschmack von Bier oder Kaffee. Denken Sie daran, ich habe Sie gebeten sich vor jeglichem Nahrungsmittel in acht zu nehmen, an dessen Geschmack Sie sich erst gewöhnen müssen. Es bedeutet, daß es in Wirklichkeit ein Gift ist. Wenn Sie sich anstrengen müssen, mit dem Geschmack klarzukommen, dann bedeutet das auch, daß es sich um eine süchtig machende Droge handelt. Kinder und Tiere mögen den Geruch oder Geschmack von Kaffee, Alkohol oder Nikotin so lange nicht, bis sie davon abhängig geworden sind. Selbst dann genießen Sie den Geschmack nicht, sondern sie glauben es nur, genauso wie einige Heroinsüchtige wirklich glauben, daß sie das Ritual genießen, sich eine Spritze in die Venen zu stechen.

Das ist der Grund, warum wir als junge Menschen dem Tee oder Kaffee Milch und Zucker hinzufügen müssen; um das Aussehen zu verbessern und den widerlichen Geschmack zu übertünchen. Wenn dann unsere Gewichtsprobleme größer werden, streichen wir die Milch und den Zucker. Wenn wir das durchhalten, dann stellen wir in relativ kurzer Zeit fest, daß wir den Tee oder Kaffee sogar ohne Milch und Zucker trinken können. Wenn aber Tee und Kaffee so großartig schmecken, warum empfinden wir dann diesen wundervollen Geschmack nicht gleich beim allerersten Mal als Genuß? Aus genau demselben Grund, weshalb Raucher feststellen, daß ihre erste Zigarette eigentlich scheußlich schmeckt. Aber das liegt daran, daß Zigaretten eben scheußlich schmecken. Und so ist es mit Kaffee und Tee. Aber wenn Sie das durchhalten, dann wird Ihr Körper gegen den widerlichen Gestank und Geschmack immun, um an die Droge heranzukommen.

Sie könnten nun das Gefühl haben, daß es sich lohnt, durch diesen Gewöhnungsprozeß zu gehen, um die Vorteile der Droge zu bekommen. Ich möchte ganz klar betonen, daß es bei einer Drogensucht keine Vorteile gibt. Ich betone – damit meine ich nicht, daß die Nachteile, von einer Droge abhängig zu sein, die Vorteile überwiegen. Alle Drogensüchtigen wissen das. Was ich meine ist, daß selbst die Vorteile, von denen die Süchtigen glauben, daß sie von der Droge kommen, illusorisch sind. Mit anderen Worten, es gibt keinerlei Vorteile.

Raucher glauben, daß ihnen das Rauchen hilft, sich zu entspannen oder zu konzentrieren und Langeweile und Streß zu lindern. In Wirklichkeit passiert genau das Gegenteil. Es ist sehr schwer, Raucher von dieser Tatsache zu überzeugen. Aber Konzentration und Langeweile sind zwei völlige Gegensätze – genauso wie Entspannung und Streß. Wenn Sie demselben Raucher eine Wunderpille verkaufen wollten, die zwei völlig gegenteilige Effekte innerhalb von Stunden hätte, dann würden Sie wahrscheinlich als Scharlatan eingesperrt. Genau das ist es aber, was Raucher behaupten, daß das Rauchen bei ihnen bewirkt. Das ist ein sehr schwieriges Thema und kann in wenigen Worten nicht erklärt werden. Der einfachste Weg es sich vorzustellen ist, warum Heroinsüchtige glauben, daß Sie es tatsächlich genießen, sich eine Spritze in die Venen zu stechen.

Stellen Sie sich einen Heroinsüchtigen vor, der kein Heroin hat. Gut, vielleicht ist er ein bißchen unruhig, weil er sein »High« nicht haben kann. Aber warum geht es ihm so schlecht? Sie und ich, wir lieben Hochgefühl, aber wir geraten nicht in Panik, wenn wir ein paar Tage ohne sind. Stellen Sie sich die Panik und das Elend vor, durch das ein Drogensüchtiger geht, wenn er seine Droge nicht hat. Stellen Sie sich die Freude vor, wenn er dann endlich die Nadel in seine Vene stechen und dieses fürchterliche Verlangen abstellen kann. Nicht-Heroinsüchtige geraten nicht in diese Panik, und Heroinsüchtige taten das auch nicht, bevor sie die Droge genommen haben. Heroin lindert das Panikgefühl nicht. Ganz im Gegenteil, es verursacht es. Wenn Sie Raucher sind oder jemals einer waren, dann kennen Sie dieses Panikgefühl, keine Zigaretten zu haben. Nichtraucher leiden darunter nicht und Raucher auch nicht, bevor sie vom Nikotin abhängig wurden. Nikotin lindert Streß nicht, sondern verursacht ihn. Vielleicht halten Sie es für übertrieben, wenn ich Heroinsucht mit der gelegentlichen Tasse Kaffee oder Tee vergleiche. Schließlich trinken Millionen von Menschen weltweit Tee oder Kaffee, ohne süchtig zu werden.

Es gibt noch ein weiteres allgemeines Mißverständnis. Es ist eine weitverbreitete Meinung, daß viele Menschen Drogen nehmen können, ohne süchtig zu werden. Der einzige Unterschied zwischen einem, der Drogen nimmt, und einem Abhängigen ist, daß der erste von seiner Abhängigkeit noch nichts merkt. Der einzige Grund, warum Sie Tee oder Kaffee trinken, ist der, daß Sie abhängig vom Koffein sind. Vielleicht denken Sie immer noch, Sie trinken ihn, weil Sie den Geschmack genießen. Aber erinnern Sie sich an zwei der Anweisungen, die ich Ihnen gegeben habe. Eine war, sich nicht von seinen Geschmacksnerven lenken zu lassen. Die andere war, geistig offen zu bleiben.

Wenn es leicht ist, keinen Zucker oder keine Milch mehr in den Kaffee oder Tee zu tun, warum nicht eine Stufe weitergehen – es ist sogar noch leichter, gar keinen Kaffee oder Tee mehr zu trinken. Dann müssen Sie sich nicht beibringen, mit dem ekelhaften Geschmack fertigzuwerden.

Während einer Pause bei einem meiner Nichtraucherkurse fragte ich: Möchten Sie Kaffee, Tee oder ein anderes nichtalkoholisches Getränk? Eine Frau antwortete: Ich möchte gerne einen Tee ohne Zucker, Milch oder Tee. Ich brauchte ein paar Sekunden, bis der Groschen fiel. Sie wollte nur eine Tasse heißes Wasser!

Vielleicht denken Sie, daß die Frau ein bißchen seltsam war oder einfach nur einen Scherz machte. Beides traf nicht zu. Verstehen Sie die psychologische Seite? Sie glaubte durch die Gehirnwäsche, eine schöne Tasse Tee sei ein Genuß. Aber sie war gebildet genug, all die schlechten Zusatzstoffe auszuschließen, nämlich die Milch, den Zucker und den Tee. Und vom Kopf her war es für sie immer noch eine schöne Tasse Tee!

Was sie in Wirklichkeit genoß, war das Getränk, das die Natur grundsätzlich für uns bestimmt hat. Es war ein sehr heißer Tag, und sie hätte es noch mehr genossen, wenn es gekühlt statt heiß gewesen wäre. Dann hätte sie aber nicht Tee getrunken, sondern einfaches, nichtssagendes, langweiliges, ordinäres Wasser.

Wir müssen die Gehirnwäsche loswerden. Wir müssen die menschengemachten Gebräue als das sehen, was sie wirklich sind – einfach nur ein Schwindel, mit dem uns weisgemacht wird, daß der Mensch das natürliche Elixier, das uns kostenlos von einem Schöpfer zur Verfügung gestellt wurde, verbessern könnte.

In meinen Augen gibt es nichts Traurigeres, als jemanden bei einer geselligen Zusammenkunft zu beobachten, der keinen Alkohol trinkt und der einen Orangensaft nach dem andern trinkt in dem Glauben, daß man gesellige Anlässe nur dann genießen kann, wenn man sich irgendeine Flüssigkeit zuführt. Gesellige Anlässe machen Spaß, weil man sich entspannt, nicht arbeiten muß, weil man sich in angenehmer Gesellschaft befindet und sich gut unterhält. Es ist ein Mythos, daß Alkohol solche Anlässe verschönert. Ich kann mich an keinen einzigen geselligen Anlaß erinnern, der mir nicht gefallen hätte, wenn die Gesellschaft angenehm war. Allerdings kann ich mich an viele Anlässe erinnern, die mir keinen Spaß gemacht haben, weil die Gesellschaft unangenehm war, obwohl alle Getränke umsonst waren. In Wirklichkeit war es so, daß *weil* der Alkohol in Strömen floß, die Leute entweder aggressiv wurden oder so betrunken waren, daß es einfach peinlich war.

Welche Getränke empfiehlt also die Bedienungsanleitung? Ganz offensichtlich Wasser, es ist das, was alle anderen Lebewesen trinken.

Wenn Sie unbedingt meinen, etwas anderes trinken zu müssen, dann ist Fruchtsaft das beste, aber es sollte nichts anderes als Wasser zugefügt werden. Die meisten Früchte haben einen so hohen Wassergehalt, daß sie Ihren Durst löschen und gleichzeitig Ihren Hunger stillen können. Wenn Sie genug Obst essen, dann werden Sie gar kein Verlangen nach einem Getränk bekommen. Tatsächlich kann das Essen von Obst ein weit genußvollerer Weg sein als Trinken, um den Durst zu stillen. Aber wenn Sie trinken müssen, dann gibt es nur ein logisches Elixier:

kaltes, klares, sauerstoffhaltiges, reinigendes, erfrischendes Wasser.

Schauen Sie sich eine starke Eiche an. Sie bekommt ihre Stärke und Größe nur durch das Aufnehmen von Wasser. Denken Sie nur daran, was Wasser für Sie tun kann! Wir müssen die Gehirnwäsche rückgängig machen. Aber

wie machen wir die Gehirnwäsche rückgängig?

31
Wie machen wir die Gehirnwäsche rückgängig?

Der erste Schritt ist, überhaupt zu erkennen, daß Sie der Gehirnwäsche unterliegen. Dieses Wissen alleine wird aber das Problem nicht lösen. Der nächste Schritt ist, die Entscheidung zu treffen, daß Sie etwas dagegen tun werden. Und der dritte Schritt ist, *es tatsächlich zu tun*. Und das ist Ihre zehnte Anweisung:

Tun Sie es!

Es reicht nicht aus, meine Aussagen nur zu verstehen und zustimmend mit dem Kopf zu nicken. Sie müssen auch bewußt etwas dafür tun! Ich sage Ihnen, was Sie tun müssen, und wenn Sie allen Anweisungen folgen, dann finden Sie es nicht nur leicht, sondern es macht sogar Spaß.

Um die Gehirnwäsche loszuwerden, müssen Sie von zwei Seiten an die Sache herangehen. Erstens: Sehen Sie die Nahrungsmittel, die gut für Sie sind, als das, was sie wirklich sind. Wenn Sie das nächste Mal eine saftige, reife Orange oder Ananas aufschneiden, dann freuen Sie sich an diesem herrlichen Geruch, dem hohen Gehalt an kühlem Wasser, stellen Sie sich vor, wie schnell und leicht Ihr Körper die wertvolle Energie und lebenswichtigen Nährstoffe verdaut, sie aufnimmt und die Abfallstoffe ausscheidet.

Zweitens: Beginnen Sie damit, die Nahrungsmittel, die Ihnen per Gehirnwäsche als Ihre Lieblingsspeisen eingeredet wurden, als das zu sehen, was sie wirklich sind – ein Schaf getarnt als Lammfleisch. Ein schlechter Vergleich, es sollte eigentlich Schweinefleisch getarnt als Apfel heißen. Wenn Sie das nächste Mal ein Stück Fleisch essen, fragen Sie sich, ob das Fleisch selbst so gut schmeckt und ob Sie Ihren Körper wirklich damit belasten wollen. Daß er das alles verarbeiten, sich der Gift- und Abfallstoffe entledigen muß, dabei noch Energie verliert, ohne irgend etwas dafür zu bekommen! Natürlich vorausgesetzt, Ihr Körper kann sich der Gift- und Abfallstoffe überhaupt noch entledigen.

Bezeichnenderweise ist das der Aspekt von ALLEN CARR'S EASYWAY®, der für viele Leute am schwersten ist – nämlich die Angst, daß Sie ihre Lieblingsspeise nicht mehr essen dürfen. Das entspricht der Angst der Raucher, daß sie ohne Zigarette nie mehr ein Essen genießen oder ans Telefon gehen können. Und genauso wie die Angst der Raucher durch die Aufhör-Versuche mit der Willenskraft-Methode entsteht, so wird die Angst eines Übergewichtigen durch den Frust beim Diätmachen erzeugt.

Ich selbst habe das begriffen, als ich erkannte, daß das Kochen von Nahrung die Nährstoffe zerstört. Weil aber praktisch alles, was ich aß, gekocht war, abgesehen von meiner Schüssel Müsli, und alle meine Lieblingsspeisen gekocht waren, habe ich es sehr schwer gefunden, mit dieser These zu leben. Ich glaube, das lag daran, daß gekochtes Essen so lecker riecht. Sie könnten natürlich jetzt sagen: Eine der Richtlinien des Schöpfers, wie wir die für uns geeignete Nahrung herausfinden, ist die, ob sie gut riecht. Schon, aber diese Regel trifft nur auf natürliche Nahrung zu. Parfüm riecht gut, aber Sie würden es nicht trinken. Manchmal kommen betörende Gerüche aus der Küche, und ich frage meine Frau, was sie kocht, weil es so lecker riecht. Sie sagt dann: Nichts, ich mache nur den Herd sauber!

Der Geruchssinn dient in der Natur hauptsächlich dazu,

daß wir wissen, daß Nahrung da ist, und sie ausfindig machen können. Wir haben bereits festgestellt, daß eine der genialen Eigenschaften von Hunger ist, daß er uns so lange nicht einmal bewußt ist, bis er extrem wird oder irgendein anderer Anlaß das Bewußtwerden in unserem Kopf auslöst. Ein üblicher Auslöser ist das Sehen von Eßbarem, ein weiterer der Geruch von Essen. Weil wir so viel Gekochtes essen, assoziiert unser Kopf den Geruch des Kochens mit Hunger und Essen, aber das bedeutet nicht automatisch, daß das, was gekocht wird, gut schmeckt.

Raucher, die versuchen aufzuhören, genießen den Geruch von den Zigaretten der anderen Raucher, aber wenn sie dann selbst eine rauchen, schmeckt sie widerlich. Wir müssen die Gehirnwäsche umkehren, die diese Assoziation zwischen dem Geruch beim Kochen und dem Hungergefühl erzeugt. Würden Sie das Essen nicht kochen, würde Sie der Geruch nicht verlocken, und Sie würden feststellen, daß Sie so lange nicht essen müssen, bis Sie wirklich Hunger haben. Und dann genießen Sie das Essen viel mehr.

Verwenden wir eine Analogie: Stellen Sie sich vor, Sie verlieben sich in jemanden mit einem wunderschönen Gesicht, einem perfekten Körper, einem guten Charakter, mit einer angenehmen Persönlichkeit und besten Veranlagungen. Das Problem ist, sosehr Sie in diese Person vernarrt sind, er oder sie kann aber Ihren Anblick nicht ertragen.

Gleichzeitig gibt es noch jemanden, der den Boden unter Ihren Füßen anbetet. Das Problem ist, daß Sie diese Person als häßlich, langweilig und absolut charakter- und humorlos ansehen.

Ich bin ein Hexendoktor, und Sie bitten mich um Hilfe. Ich biete Ihnen zwei Pillen an, jede löst Ihr Problem. Die erste Pille kostet nur 10 Mark. Wenn Sie die nehmen, dann verlieben Sie sich in die häßliche Person und sehen sie so wie die erstgenannte. Die zweite Pille kostet Sie 1000 Mark, und wenn

Sie diese nehmen, dann wird die angebetete Person Ihre Liebe genauso heftig erwidern. Vorausgesetzt, Sie haben kein Geldproblem, welche Pille würden Sie kaufen?

Wenn wir ehrlich sind, würden die meisten von uns die zweite Pille kaufen. Und doch, rein logisch betrachtet, lösen beide Pillen Ihr Problem. Und tatsächlich hat die erste Pille sogar zwei hervorstechende Vorteile gegenüber der zweiten: Sie ist billiger und fairer, weil es keinen Verlierer gibt.

Warum entscheiden sich also die meisten für die zweite Pille? Ich denke, das liegt daran, daß wir bei der ersten Pille glauben, daß sie uns täuscht – nämlich zu glauben, die Person sei hübsch, obwohl sie in Wirklichkeit häßlich ist. Ich bin kein Hexendoktor, und solche Pillen gibt es nicht. Aber die Täuschung gibt es schon. Ändern wir in unserem Beispiel eine Annahme: Sie wurden nur in die Irre geführt in dem Glauben, die erste Person sei hübsch und angenehm und die zweite Person häßlich und langweilig. Schließlich haben wir alle schon einmal Filme gesehen, wo der Star einfach und schlecht gekleidet erscheint und dann attraktiv und dynamisch wird, oder aussieht wie neunzehn oder neunzig, je nach Wunsch des Filmemachers. Und wir alle haben in unserem Leben auch schon diese Erfahrung gemacht, daß der erste Eindruck oder das erste Erscheinungsbild sich letztlich umgekehrt hat.

Nehmen wir einmal an, die erste Person war das häßliche Entchen und die zweite Person, die Sie liebte, war in Wirklichkeit der wunderschöne Schwan? Dann bräuchten Sie keine Hexenkunst oder Zauberpillen. Alles, was Sie tun müßten, wäre, Ihre Augen und Ihren Geist zu öffnen. Genau in dieser Lage befinden Sie sich!

Sie unterliegen bereits der Gehirnwäsche!

Die Nahrung, die Sie am Leben erhält und Sie mit Gesundheit und Energie versorgt und gut für Sie ist, betrachten Sie als selbstverständlich und sehen sie als zweitrangig an. Gemüse ist lediglich eine Beilage zum *Haupt*gericht. Obst wird meist als eine Option in einem Gang betrachtet, der selbst auch wieder nur optional ist. Wir betrachten Brot und Kartoffeln meist als nichts Besonderes, weil sie relativ günstig und bei jeder Mahlzeit selbstverständlich vorhanden sind. Aber da sie so ein wesentlicher Teil unserer Ernährung sind, sind sie nicht die eigentliche Delikatesse? Schließlich können Sie ein Sandwich mit tausend verschiedenen Dingen füllen, aber der wichtigste Bestandteil an jedem Sandwich ist das Brot!

Tatsache ist, daß Sie durch die Gehirnwäsche glauben, daß Junk Food gut für Sie ist. Ich gehe davon aus, daß Sie sich für intelligent halten. Wenn Sie überredet werden können, daß Junk Food gut schmeckt, überlegen Sie einmal, wieviel leichter es sein müßte, Junk Food als das zu sehen, was es wirklich ist, und umgekehrt richtige Nahrung als das zu sehen, was sie wirklich ist. Das setzt aber voraus, daß Sie sich die Mühe machen, die Gehirnwäsche umzukehren.

Tatsache ist, daß Sie gar nicht anders können. Sie wissen instinktiv, daß das, was ich sage, richtig ist. Wenn Sie die Wahrheit einmal erkannt haben, dann können Sie sich etwas anderes nicht mehr vormachen. Sie werden feststellen, daß Sie ab jetzt anfangen werden, alle konservierten Nahrungsmittel zu analysieren. Sie stellen fest, daß Sie anfangen, das Konservieren zu hinterfragen. Dient es dazu, Junk Food eßbar zu machen? Zerstört es natürliche Nahrung? Schauen wir uns ein klassisches Beispiel eines Nahrungsmittels an, das wahrscheinlich mehr Frustration als jedes andere bereitet:

Schokolade.

32
Schokolade

Praktisch jeder, der Gewichtsprobleme hat, sagt zu mir: Ich liebe Schokolade, können Sie mir die Schokolade abgewöhnen? Wenn Sie Schokolade lieben, warum wollen Sie dann, daß ich Sie davon abbringe? Die offensichtliche Antwort ist, daß Sie Ihr Gewichtsproblem der Tatsache in die Schuhe schieben, daß Sie zuviel Schokolade essen. Wenn das so ist, warum fragen Sie mich dann nicht: Können Sie es so einrichten, daß ich soviel Schokolade essen kann, wie ich will, ohne zuzunehmen? Seltsamerweise hat mir bis heute niemand diese Frage gestellt.

Ich hatte selbst auch einmal das Problem mit der Schokolade. Ich öffnete eine Schachtel Pralinen und pickte mir meine Lieblingssorten heraus. Die erste schmeckte köstlich. Die zweite nicht mehr ganz so gut. Danach steckte ich eine nach der anderen in den Mund, und sie fingen an, eklig zu schmecken. Ich aß nicht nur alle Pralinen mit meiner Lieblingsfüllung, sondern auch die, die ich nicht ganz so gerne mochte. Dann waren nur noch die Pralinen übrig, die ich gar nicht mochte. Erstaunlicherweise zogen mich auch diese noch magisch an, obwohl mir vom Geschmack und Geruch der Schokolade schon schlecht war, und ich war erst erlöst, als ich alle in mich hineingestopft hatte. Ich verstand das Problem nicht. Jetzt verstehe ich es.

Unsere Kinder und Enkel wachsen alle mit Schokoriegeln

auf. Deshalb werden ihre Zähne schlecht, und deshalb sind so viele Kinder nervös und hyperaktiv. Schokolade wird aus Kakaosamen gemacht, genauso wie Kakaopulver. Versuchen Sie einmal, ungesüßtes Kakaopulver zu essen! Es schmeckt ekelhaft. Jetzt denken Sie daran: Essen, das ekelhaft schmeckt, bedeutet Gefahr. Schokolade besteht aus drei Grundbestandteilen:

1. Kakao, der eine süchtig machende, ekelhaft schmeckende, giftige Droge enthält, die Theobromin heißt. Diese Droge veranlaßt Sie dazu, weiter Schokolade essen zu wollen, selbst wenn Ihnen vom Geschmack schon schlecht ist.
2. Raffinierter Zucker, um den ekelhaften Geschmack zu überdecken.
3. Milch, die für Kälber gedacht ist, um dem Ganzen ein gefälliges Aussehen zu geben.

Alle drei Bestandteile tun dem menschlichen Körper absolut nichts Gutes und verursachen unterschiedlich schwere Schäden. Aber im Zusammenwirken erzeugen sie die Illusion, wir würden etwas Angenehmes und Nährstoffreiches essen. Schokolade ist eines der schlimmsten Beispiele für raffinierte Nahrung und eines der geschicktesten Beispiele für die Gehirnwäsche.

Ich glaube, daß viele Leute dieselbe Haßliebe zur Schokolade haben wie Raucher zu einer Zigarette. Der Instinkt spürt, daß Sie von etwas abhängig sind, was schlecht ist. Vielleicht glauben Sie, daß der Suchteffekt bei Schokolade so groß ist, daß Sie ihm nicht widerstehen können. Das ist nicht der Fall. Suchtstoffe beeinflussen Sie nur, wenn Sie sie zu sich nehmen. Wenn Sie das erste Stück Schokolade nicht essen, dann müssen Sie dem nächsten Stück auch nicht widerstehen. Würden Sie Exkremente essen, wenn sie einen Zusatz hätten, der sie gut riechen und schmecken läßt? So wie eine Droge, die Sie dazu bringt, immer weiter davon essen zu wollen? Das könnte durchaus sein, wenn es Ihnen nicht bewußt wäre, daß es sich um Exkremente handelt. Aber Sie würden auf gar keinen Fall davon essen, wenn Sie es wüßten, egal wie süß es schmecken oder wie abhängig die Droge Sie auch machen würde.

Sie müssen die Gehirnwäsche in Sachen Schokolade bewußt umkehren. Stellen Sie sich jedesmal beim Blick auf Schokolade die einzelnen Bestandteile vor, vermischt zu einer ekelhaften Masse, die Sie täuschen soll. Sie werden sich bald fragen, wie Sie darauf hereinfallen konnten. In meinem Buch über das Rauchen habe ich die Genialität der Großkonzerne beschrieben, mit der sie Gifte so verpacken, daß sie akzeptabel erscheinen. Stellen Sie sich vor, Sie genießen gerade eine Tafel Schokolade oder eine Schachtel Pralinen und die Füllung besteht aus toten Spinnen, die gehackt und mit Geschmacksstoffen versehen wurden. Glauben Sie, diese Pralinen hätten Ihnen geschmeckt, wenn Sie das gewußt hätten? Natürlich nicht. Aber solange Sie nicht wußten, daß die Füllung aus toten Spinnen besteht, hätte der raffinierte Zucker den ekelhaften Geschmack überdeckt, und Sie hätten sie tatsächlich mit Genuß verspeist.

Theobromin ist für Sie allerdings wesentlich schädlicher als tote Spinnen. Sie müssen unvoreingenommen erkennen, daß die Hersteller einfach nur Junk Food als Nahrung verkleiden. Wenn Sie das nächste Mal Schokolade essen, denken Sie an die Füllung. Stellen Sie sich vor, daß es eine tote Spinne ist; schließlich könnte es wirklich eine sein!

Ich habe diesem Thema ein ganzes Kapitel gewidmet. Aber Schokolade ist nur ein Beispiel für die Genialität der Menschheit, uns aus kommerziellen Gründen per Gehirnwäsche einzureden, daß tödliche Mischungen Nahrung seien. Es gibt buchstäblich Tausende ähnlicher Mischungen, und es liegt jenseits der Möglichkeiten dieses Buches, sie alle aufzuführen. Dieses Thema wird in Wirklichkeit durch die achte Anleitung abgedeckt:

Hüten Sie sich vor konservierter Nahrung!

Der Grund, warum ich Schokolade als Beispiel genommen habe, ist, daß ihr Verzehr so weit verbreitet ist. Sie wird nicht nur im puren Zustand gegessen – verzeihen Sie den Widerspruch, so etwas wie pure Schokolade gibt es ja nicht –, sondern Schokolade wird oft als Zutat oder als Garnierung für so viele andere Dinge verwendet, die selbst wieder pures Junk Food sind. Die Gehirnwäsche ist so effektiv, daß wir Schokolade sogar schon als Geschmacksrichtung anerkennen. Wenn Sie den wirklichen Geschmack von Schokolade probieren möchten, dann versuchen Sie Kakao ohne Zusätze zu essen.

Machen wir eine kleine Pause und

fassen wir kurz zusammen.

33
Fassen wir kurz zusammen

Bevor wir weitermachen, betrachten wir einmal, was wir bisher herausgefunden haben. Wenn wir die Anleitungen der Natur befolgen, so wie es wildlebende Tiere instinktiv tun, müssen wir jetzt unser Idealgewicht genausowenig kennen, wie wildlebende Tiere es tun. Wir behalten unsere Waage und wiegen uns regelmäßig und notieren dann unser Gewicht, einfach als Anreiz und um zu beweisen, daß ALLEN CARR'S EASYWAY® funktioniert.

Wenn Sie nackt vor dem Spiegel stehen können und sich mit Ihrer Figur glücklich fühlen, ist das Gewicht, das Sie in diesem Moment haben, auch Ihr Idealgewicht.

Wir wissen, welche Nahrungsmittel tatsächlich am besten schmecken – frisches Obst, Gemüse, Nüsse und Getreide. Wir wissen auch, daß das die Nahrungsmittel sind, die für unser Verdauungssystem am besten geeignet sind und uns dadurch ein langes Leben, Gesundheit und Energie schenken. Wir wissen außerdem, welche Nahrungsmittel wir vermeiden sollten – jegliche konservierte Nahrung, ganz besonders Fleisch und Milchprodukte. Wir wissen, wann wir essen sollten – wenn wir uns hungrig fühlen – und wann wir damit aufhören sollten – wenn wir uns nicht mehr hungrig fühlen. Zusätzlich haben wir ein Grundwissen über die besondere Bedeutung des richtigen Zeitpunkts und der richtigen Kombination.

Wie können wir das aber nun in die Praxis umsetzen und unsere Eßgewohnheiten ändern, so daß wir uns diesen Prinzipien entsprechend verhalten? Wie finden wir eine geeignete

Routine?

34
Routine

Für Gorillas ist alles schön und gut, wenn sie den ganzen Tag damit verbringen, sich hier und da eine Banane zu pflücken, wenn der kleine Hunger kommt. Aber die meisten Leute müssen den ganzen Tag arbeiten. Das ist kein Problem, denn das System ist flexibel, sowohl was die Vielfalt der eßbaren Früchte betrifft als auch dadurch, daß Hunger so beschaffen ist, daß wir ihn die meiste Zeit unseres Lebens gar nicht einmal bewußt wahrnehmen.

Unser Problem ist, daß wir dazu neigen, den Schwanz mit dem Hund wedeln zu lassen. Wir machen es uns zur Gewohnheit, drei Mahlzeiten pro Tag zu essen, und versuchen bei jedem Essen, den Teller leer zu machen. Mit anderen Worten: Die Gewohnheit wird der dominante Faktor. Die Art und Menge der Nahrung sowie die Zeitabstände zwischen den einzelnen Mahlzeiten werden meistens von Routine und Gewohnheiten bestimmt. Weil wir soviel Junk Food essen, stillen wir unseren Hunger nicht richtig, und somit hinterläßt unsere Routine ein ständiges Gefühl der Unzufriedenheit und führt zu Übergewicht. Wenn Sie aber die für Sie vorgesehenen Nahrungsmittel wählen, dann können Sie so viel davon essen, wie Sie wollen, und Sie werden nie zunehmen.

Wenn Sie jemand sind, der ständig Hunger hat und den ganzen Tag über hier und da etwas essen muß, dann sorgen Sie sich vielleicht, wie Sie in Zukunft damit umgehen sollen.

Aber wenn Sie sich umstellen und die richtige Nahrung essen wie z. B. Obst, dann stillen Sie auch Ihren Hunger und haben gar nicht mehr den Wunsch, weiter zu essen.

Aber ist Routine nicht dasselbe wie Gewohnheit? Wir essen täglich drei Mahlzeiten, ob wir sie brauchen oder nicht. Noch dazu sind die Mahlzeiten nicht unseren Bedürfnissen angepaßt, ganz im Gegenteil. An Routine selbst ist nichts Falsches. Wildlebende Tiere haben auch Gewohnheiten. Rehe äsen den ganzen Tag, wohingegen Löwen nur einmal pro Tag fressen. Das tun sie aus dem eigennützigen Grund, daß es ihren Umständen und ihrem Wesen entspricht. Glücklicherweise können wir unsere Gewohnheiten auch dementsprechend festlegen. Aber anstatt den Schwanz mit dem Hund wedeln zu lassen, wie wir das aufgrund der Gehirnwäsche getan haben, anstatt unsere körperlichen Bedürfnisse an unsere Gewohnheiten anzupassen, sind wir nun dabei, die Situation umzukehren: Wir passen die Art, Menge und Häufigkeit der Mahlzeiten an unsere Bedürfnisse an.

Denken Sie daran: Hunger ist etwas Wertvolles, und Sie können Essen nur dann genießen, wenn Sie einen guten Appetit haben. Sie haben aber erst dann einen guten Appetit, wenn Sie sich hungrig fühlen. Sie werden nur dann Hunger bekommen, wenn Sie eine Weile nichts essen.

Bedeutet das nun, daß Sie die meiste Zeit Ihres Lebens mit Hungergefühl verbringen müssen? Nein! Wie ich bereits erklärt habe: Hunger ist so hoch entwickelt, daß Sie ihn erst merken, wenn es Zeit für die nächste Mahlzeit ist. Dann haben Sie das immense Vergnügen, jede Mahlzeit richtig zu genießen. Selbst wenn Sie Hunger bekommen und ihn nicht sofort stillen können, besteht kein Grund zur Panik. Sie werden keinerlei körperliche Qualen leiden. Gut, vielleicht knurrt Ihr Magen, aber das ist kein körperlicher Schmerz. Denken Sie einfach daran, je länger der Hunger dauert, desto größer ist Ihr Appetit und desto mehr werden Sie Ihre nächste Mahlzeit genießen. Wie ich bereits sagte: Hunger ist ein wertvolles Gut – respektieren und schätzen Sie ihn. Ich glaube, einer der Gründe, warum ich heute jede Mahlzeit so sehr genieße, ist, daß ich nur zweimal pro Tag esse.

Ich empfehle Ihnen allerdings, daß Sie das Programm damit beginnen, bei Ihrer derzeitigen Routine nur eine einzige Veränderung vorzunehmen:

Essen Sie Obst, und zwar ausschließlich Obst zum Frühstück.

35
Essen Sie Obst, und zwar ausschließlich Obst zum Frühstück

Indem Sie einfach nur Obst zum Frühstück essen, haben Sie bereits den größten Schritt gemacht, der bei ALLEN CARR's EASYWAY® erforderlich ist.

Es ist für uns manchmal schwer, frische Früchte zum Frühstück als appetitanregend zu sehen. Wir sind programmiert, Obst als Nachtisch zu betrachten. Aber das ist eben Teil der Gehirnwäsche. Das Frühstück ist der Zeitpunkt, wo der Magen leer und der Körper am besten vorbereitet ist, die saftige, köstliche, reinigende, gesundheitsspendende Nahrung mit hohem Wassergehalt aufzunehmen – frisches Obst. Die meisten Leute können sich schwer vorstellen, daß sie frisches Obst zum Frühstück attraktiv finden, aber nach kurzer Zeit fangen sie an, einen Teller mit Eiern und Speck nicht mehr als das großartige Frühstück zu sehen, sondern als das, was es wirklich ist:

ein Haufen unverdaulicher Pampe!

Manche Menschen machen sich anfangs Gedanken über die fehlende Abwechslung, wenn man nur Obst zum Frühstück ißt. Aber diese Sorge entbehrt jeglicher Grundlage. In Wirklichkeit ist das Gegenteil der Fall. Ich sagte bereits, daß die meisten von uns tagtäglich dasselbe zum Frühstück essen. Ich esse heute jeden Tag zum Frühstück vier verschiedene Sorten Obst und bin sehr zufrieden, zwischen Äpfeln, Birnen, Orangen, Mandarinen, Bananen, Melonen, Grapefruits, Erdbeeren, Himbeeren, Blaubeeren, Pflaumen, schwarzen und roten Johannisbeeren, Stachelbeeren, Weintrauben, Ananas, Pfirsichen und Aprikosen wählen zu können. Ich habe hier nur Beispiele für Obstsorten aufgezählt, die normalerweise bei uns gegessen werden. In Supermärkten gibt es auch zahlreiche exotische Früchte wie Mangos oder Lychees. Wenn Sie darüber nachdenken, daß Sie die Auswahl unter all diesen Früchten in unendlicher Kombination haben, dann existiert das Problem mit der mangelnden Vielfalt nicht. Sie können frisches Obst bis zum Umfallen essen, *und Sie werden nicht zunehmen!*

Ich betone es noch einmal: Ich sage nicht, daß Sie jeden Tag für den Rest Ihres Lebens frisches Obst zum Frühstück essen müssen. Im Urlaub esse ich beispielsweise auch mal einen Räucherhering, und zwar dann, wenn ich kein Obst bekommen kann. Aber das ist kein Problem. Wie ich bereits erklärte – die Junk-Food-Toleranz erlaubt diese Abweichung.

Wie sieht es mit anderen Mahlzeiten aus?

36
Wie sieht es mit anderen Mahlzeiten aus?

Versuchen Sie nicht, andere Eßgewohnheiten zu ändern, bevor Sie sich nicht an Obst zum Frühstück gewöhnt haben. Jegliche Veränderung in Ihrem Lebensstil beinhaltet körperliche, emotionale und psychologische Umstellungen. Wenn Sie versuchen zu rennen, bevor Sie laufen können, wird keines von beiden funktionieren. Selbst wenn die Veränderung eine Verbesserung bedeutet, wie ein neuer Job oder ein neues Auto, kann eine kurze Zeit der Orientierungslosigkeit damit einhergehen.

Wie beim Rauchen auch ist das einzige Problem, die lebenslange Gehirnwäsche rückgängig zu machen. Aber es ist nicht so wie beim Rauchenaufhören. Wir müssen nicht rauchen, und so ist es der leichteste Weg, einfach aufzuhören. Aber wir können nicht einfach mit dem Essen aufhören, und warum sollten wir das auch wollen? Essen ist sowohl eine Notwendigkeit als auch ein wirklicher Genuß, der für den Rest Ihres Lebens einfach Freude machen soll. Raucher finden es relativ leicht, die Marke zu wechseln. Zuerst schmeckt die neue Marke komisch, aber sie wird schnell zur Lieblingsmarke. Das ist alles, was Sie tun müssen – schrittweise Ihre »Essensmarken« zu verändern in solche, die für Sie am besten sind. Denken Sie daran, es sind ohnehin diejenigen, die tatsächlich am besten schmecken, und sie werden schnell zu Ihren Lieblings-»Marken« werden.

Eines der schönen Dinge bei Allen Carr's Easyway® ist, daß keine Eile besteht. Und das ist Ihre elfte Anweisung:

Machen Sie es sich leicht!

Sie können bei diesem Programm nichts falsch machen. Sie lösen Ihr Raucherproblem in dem Moment, in dem Sie die Zufuhr von Nikotin beenden – Sie brauchen nicht zu warten, daß aller Dreck aus Ihrer Lunge verschwindet, bevor Sie Ihr Leben wieder genießen können. Und genauso lösen Sie Ihr Gewichtsproblem in dem Moment, in dem Sie mit Allen Carr's Easyway® beginnen. Wenn Sie die Anweisungen befolgen, haben Sie Ihr Gewichtsproblem mit der Lektüre dieses Buchs gelöst. Sie brauchen nicht zu warten, bis Sie Ihr Wunschgewicht erreicht haben. Sie haben bereits von dem Moment an eine Verbesserung, in dem Sie den ersten Schritt gehen.

Wenn Sie vor der völligen Gewöhnung an Obst zum Frühstück weitere Eßgewohnheiten ändern und deshalb immer noch heimlich Verlangen nach Eiern mit Speck haben, dann geht es Ihnen wie dem Raucher, der mit der Willenskraft-Methode aufhört und das Verlangen nach einer Zigarette niemals los wird. Jegliche weitere Veränderung in Ihren Eßgewohnheiten würde die Situation nur noch verschlimmern. Das hätte dann denselben Effekt wie eine Diät.

Sie werden feststellen: Wenn Sie das Programm damit beginnen, Obst, und zwar ausschließlich Obst zum Frühstück zu essen, dann mag Ihnen das am Anfang komisch vorkommen, aber nach nur wenigen Tagen werden Sie sich fragen, warum Sie jemals etwas anderes zum Frühstück gegessen haben. Gleichzeitig werden Sie abnehmen, sich fit fühlen und mehr Energie haben. Aber das Wichtigste: Sie werden Obst zum Frühstück lieben! Das wird Sie bestärken und Sie erkennen lassen, daß die Methode nicht nur sinnvoll ist, sondern

wirklich funktioniert!

Währenddessen beginnen Sie auch konservierte Nahrung sowie Schokolade, Milchprodukte und Fleisch zu hinterfragen und statt dessen köstliche, nährstoffreiche und gute Nahrung zu wählen. Sie werden feststellen, daß Sie gar nicht mehr anders können. Wenn überschüssige Pfunde purzeln und unansehnliche Fettpölsterchen anfangen zu verschwinden und Sie sich gesünder und energiereicher fühlen, werden Sie feststellen, daß natürliche Nahrung mit einem hohen Wassergehalt mehr und mehr zu Ihrer Lieblingsnahrung wird. Konservierte Nahrung hingegen wird Ihnen mehr und mehr als Junk Food erscheinen.

Vielleicht sind Sie enttäuscht, daß es in diesem Buch keine Rezepte gibt. Jeder, der dieses Buch vor der Veröffentlichung gelesen hatte, sprach diesen Punkt an. Ich gebe zu, daß ich von der Logik her zustimme, aber mein Instinkt sagt nein. Ich glaube, der Grund dafür ist, daß ich bei jedem Buch über Eßgewohnheiten die empfohlenen Rezepte als enttäuschend empfand. Richtig oder falsch, ich hatte das Gefühl, ich sei auf Diät, und fühlte mich schlecht. Mit ALLEN CARR'S EASYWAY® habe ich dieses Gefühl nicht. Und eigentlich ist ein aufregender Teil des Programms auch, daß man seine eigenen Entdeckungen machen kann; so wie ich festgestellt hatte, daß purer Orangensaft auf Müsli besser schmeckt als Milch und daß ich keinen Zucker dazu brauche. Ich habe mich gefreut, als ich feststellte, daß eines meiner Lieblingsessen ohne Fleisch genauso gut schmeckt und daß Lammkeule mit Kartoffeln und Bohnen ohne Lamm auch sehr schmackhaft ist. Wenn Sie jedoch das Gefühl haben, Sie bräuchten Rezepte, dann haben Sie die Auswahl unter Dutzenden von Büchern.

Ich glaube, jetzt ist es an der Zeit, noch ein Thema zu behandeln, das mir selbst Anlaß zur Sorge gab und Sie vielleicht auch beunruhigt:

Muß ich Vegetarier werden?

37
Muß ich Vegetarier werden?

Das ist eine Frage, die mir oft gestellt wird. Ich kenne dieses Gefühl. Ich habe nichts gegen Tiere, aber der Gedanke, nie wieder Fleisch essen zu dürfen, erfüllt mich mit einem Verlustgefühl. Es gibt aber keinen logischen Grund, ein Verlustgefühl zu empfinden, denn einer der schönen Punkte bei ALLEN CARR'S EASYWAY® ist, daß Sie essen können, was Sie wollen.

Mein Geschmack hat sich Schritt für Schritt verändert und tut das auch weiterhin. Vor einigen Monaten fand ich Salat abstoßend. Jetzt ist eine meiner Lieblingsspeisen ein Sandwich mit köstlicher Avocado, Tomate, Gurke und Salat. Der Punkt ist der: Selbst wenn Sie Vegetarier würden, wäre das nur der Fall, weil Pflanzliches Ihre bevorzugte Nahrung wäre!

Die meiste Zeit meines Lebens habe ich Vegetarier im gleichen Licht gesehen wie Nichtraucher und Antialkoholiker. Während ich ihre hohen moralischen Prinzipien und ihre unfehlbare Art und Weise bewunderte, waren sie für meinen Geschmack aber immer ein bißchen mehr Moralapostel als nötig. Ich war ziemlich erstaunt, als ich erfuhr, daß die meisten Menschen, die nicht rauchen oder keinen Alkohol trinken, das aus einem ganz eigennützigen Grund tun: weil sie ihr Leben ohne Rauchen oder Alkohol mehr genießen. Genauso, wie ich die Prinzipien der Vegetarier bewundere, die es moralisch falsch finden, Tiere zu töten, war es eine noch größere Überraschung für mich, daß die meisten deshalb Vegetarier sind, weil sie eine pflanzliche Ernährung gesünder und genußreicher finden.

Einer der schönen Punkte bei ALLEN CARR'S EASYWAY® ist jedoch, daß Sie niemals sagen müssen: Ich darf keine Schokolade essen – oder Milch, Eis, Steak, Käse oder was auch immer. Denken Sie an die interessante Junk-Food-Toleranz. Tatsache ist, daß der menschliche Körper zu 70 Prozent aus Wasser besteht. Ziel ist es, Ihre Eßgewohnheiten schrittweise zu verändern, so daß Junk Food eher die Ausnahme als die Regel wird. Letztendliches Ziel ist, daß mindestens 70 Prozent Ihrer gesamten Nahrung aus frischen Nahrungsmitteln mit hohem Wassergehalt bestehen, wie z. B. Obst und Gemüse. Und vorausgesetzt, Sie kombinieren vernünftig, dann können Sie tatsächlich bei den restlichen 30 Prozent alles essen, was Sie wollen, ohne Übergewicht zu riskieren.

Vielleicht glauben Sie, daß 70 Prozent ein ziemlich hoher Prozentsatz ist. Aber das ist es eigentlich nicht. Wenn Sie wie ich nur zweimal am Tag essen, haben Sie bereits etwa 50 Prozent erreicht, wenn Sie zum Frühstück nur Früchte essen. Wenn Sie dreimal täglich essen, haben Sie so bereits 33 Prozent erreicht, und wenn Sie zum Mittagessen einen Salat zu sich nehmen, dann können Sie abends wirklich alles essen, was Sie wollen.

Sie werden sowieso feststellen, daß ein großer Teil Ihrer Hauptmahlzeiten bereits aus Gemüse besteht. Wenn dem so ist, dann müssen Sie nur noch darauf achten, daß Sie das Gemüse nicht zu stark kochen, da sonst die Nährstoffe zerstört werden. Eine gute Lösung ist, das Gemüse kurz anzubraten oder leicht zu dünsten.

Sie werden feststellen, daß durch das Befolgen der beschriebenen Regeln auch die Pfunde purzeln und sich Ihr Gesundheits- und Energieniveau erhöht. Ihr Verlangen nach Junk

Food wird verschwinden. Ich trinke keine Milch und keinen Tee oder Kaffee mehr. Ich esse keine Süßigkeiten mehr, keine Desserts, Schokolade, Kekse, Kuchen oder Milchprodukte außer gelegentlich etwas Butter. Ein Nebeneffekt all dessen ist auch, daß ich kein Verlangen mehr nach raffiniertem Zucker habe.

Ich mußte aber keine bewußte Anstrengung unternehmen, um diese Dinge wegzubekommen. Ganz im Gegenteil, es gab mir ein herrliches Gefühl der Sicherheit, Freude und Zufriedenheit, keine schwer verdaulichen Nahrungsmittel mehr zu essen und sie durch solche zu ersetzen, die nachweislich gut für mich sind. Ich stellte fest, daß ich allmählich mein Verlangen nach Junk Food verlor. Ich nutze die Junk-Food-Toleranz und esse zu bestimmten Gelegenheiten Fleisch und Milchprodukte, aber nur dann, wenn ich keine passende Alternative habe.

Abgesehen von der Erkenntnis, daß mein Verdauungssystem nicht zum Verarbeiten von Fleisch ausgelegt ist, stelle ich fest, daß die ständigen Berichte über BSE und die unnatürlichen Fütterungstechniken, wie z. B. die Zugabe von Hormonen, Antibiotika und Farbstoffen in der Tiernahrung, auch dazu beigetragen haben, mein Verlangen nach Fleisch zu reduzieren.

Die einzige bewußte Anstrengung, die ich unternommen habe, war, Obst, und zwar ausschließlich Obst, zum Frühstück zu essen. Aber selbst das war keine wirkliche Anstrengung. Mein einziges Bedauern gilt der Tatsache, daß ich nicht auf Obst zum Frühstück an dem Tag umgestellt habe, an dem ich von der Muttermilch entwöhnt wurde! Um es zusammenzufassen, noch

ein paar nützliche Tips.

38
Ein paar nützliche Tips

Wildlebende Tiere fressen, wenn sie Hunger haben, und hören auf, wenn sie keinen Hunger mehr haben. Menschen essen meist aus Gewohnheit, Routine oder Langeweile, oder weil Sie durch die Gehirnwäsche glauben, daß es den Genuß beim Essen nur um des Essens willen gibt. Es gibt mehrere positive Schritte, die Sie unternehmen können, um diese unguten Tendenzen zu korrigieren.

Seien Sie sich immer bewußt, daß der einzige Zweck des Essens ist, Ihren Körper mit den notwendigen Nährstoffen zu versorgen, um Ihnen ein langes, gesundes Leben voller Energie zu ermöglichen. Denken Sie daran, der Schöpfer hat das Essen bzw. das Stillen des Hungers als angenehmen Zeitvertreib vorgesehen, den wir unser Leben lang wieder und wieder genießen können, und dieser Genuß sollte sowohl körperlich als auch geistig sein.

Denken Sie auch daran, daß Sie eine Mahlzeit nur dann körperlich und geistig genießen können, wenn Sie Hunger haben. Hunger ist wichtig, um die maximale Freude an einer Mahlzeit zu erhalten. Richten Sie Ihre Eßgewohnheiten so ein, daß Sie hungrig sind, wenn eine Mahlzeit ansteht, und zerstören Sie diesen wertvollen Hunger nicht dadurch, daß Sie zwischendurch essen. Seien Sie sich darüber im klaren, daß Sie Ihren Hunger nicht mit Junk Food stillen können. Ein leichter Weg, mit Junk Food aufzuhören, ist, keines mehr zu kaufen.

Selbst heute ist es noch üblich, die Teller der Familie oder der Gäste mit weit mehr zu füllen, als nötig oder gewünscht ist. In unserem Bekanntenkreis war es auch üblich, eine Auswahl an exotischen Früchten anzubieten, und es war schwer, nicht an diesen Sitten teilzuhaben, aus Angst, jemanden zu beleidigen. Wer auch immer beim nächsten Mal mit der Einladung dran war, fühlte sich verpflichtet, die Anstrengungen des vorherigen Paares nicht nur gleichermaßen zu erfüllen, sondern sogar zu übertreffen. Seltsamerweise war das Hauptthema bei diesen Einladungen der einheitliche Wunsch, abzunehmen. Zweifelsohne war zu Zeiten, in denen Mangel herrschte, ein solcher Überfluß bewundernswert. Aber die Zeiten haben sich geändert. Die meisten Menschen der westlichen Gesellschaft haben das Problem, zuviel zu essen. Es wurde immer als lustig angesehen, in einen Drink mehr Alkohol hineinzumischen als gewünscht. Glücklicherweise haben die Kampagnen gegen Alkohol am Steuer die meisten vernünftigen Menschen von dieser Praxis abgebracht. Es ist genauso dumm zu glauben, es gehöre zum guten Ton, Menschen zu reichliches Essen aufzudrängen, ob sie zu dick sind oder nicht.

Denken Sie daran, Ihre Familie und Ihre Gäste möchten genauso wie Sie ein glückliches, gesundes Leben führen. Sie finden es viel besser, wenn Sie sie dabei unterstützen. Wenn Sie feststellen, daß ähnliche Sitten in Ihrem Bekanntenkreis bestehen, dann reden Sie darüber. Ändern Sie die Standards, machen Sie deutlich, daß ein guter Gastgeber nicht der ist, der einen Überfluß an teurem Junk Food anbietet, sondern derjenige, der eine nährstoffreiche, gute und gesunde Mahlzeit anbietet.

Wenn Ihr Teller zu voll gemacht wurde, entweder von Ihnen selbst oder von jemand anderem, fühlen Sie sich nicht dazu verpflichtet, das Ganze in sich hineinzustopfen, nur weil es da ist oder es dem Gastgeber gegenüber unhöflich erscheinen könnte. Ich persönlich finde es frustrierend, den Teller nicht leer essen zu können, aber ich finde es mittlerweile ganz leicht, mich während des Essens zu fragen, ob ich es wirklich noch genieße. Wenn die Antwort nein ist, dann höre ich auf zu essen. Denken Sie daran, je weniger Sie bei einer Mahlzeit essen, desto mehr genießen Sie die nächste.

Vermeiden Sie auch die »Erdnuß-Falle«. Die »Erdnuß-Falle« ist eine mich rasend machende Praktik von Freunden oder Restaurants, eine Schüssel mit Erdnüssen, Chips oder sonstigen Knabbereien auf den Tisch zu stellen, sobald man sich hingesetzt hat. Alles, was solche Menschen tun, ist, Sie in Versuchung zu führen. Wenn man gar nicht erst anfängt, dann ist alles in Ordnung; aber wenn man nur eine klitzekleine Nuß ißt, dann hat man die ganze Schüssel leer gegessen, ehe man sich's versieht. Man ruiniert sich einen perfekten Appetit und wundert sich dann, warum die Hauptmahlzeit nicht so gut geschmeckt hat, wie sie es sonst tut.

Ich brauche keine Willenskraft, der Versuchung der ersten Nuß oder Knabberei zu widerstehen. Ich kann Ihnen die große Freude gar nicht schildern, die ich durch das Wissen empfinde, daß ich alles hätte in mich hineinstopfen müssen, wenn ich die erste Nuß gegessen hätte. Die Freude wird dann noch dadurch gesteigert, wenn ich zusehe, wie die anderen armen Menschen sich eine Handvoll nach der anderen in ihren »Abfalleimer« schieben.

Seien Sie mißtrauisch gegenüber allen konzentrierten Nahrungsmitteln. Wenn Sie den Geschmack eines bestimmten Essens besonders gut finden, dann fragen Sie sich, was es ist, was Sie wirklich daran mögen. Wenn es sich um ein süßes, exotisches Dessert handelt oder um Fleisch mit einer süßen Soße, fragen Sie sich, ob Sie tatsächlich den Geschmack der Nahrung oder den süßen Geschmack des raffinierten Zuckers gut finden. Wenn es letzterer ist, werden Sie getäuscht. Ich kenne viele Leute, die Sie niemals dazu zwingen könnten, ein halbes Glas Sahne oder ein halbes Glas puren Whisky zu trinken, aber wenn Sie die beiden Sachen zusammenmischen, dann trinken sie ein Glas nach dem anderen - es gibt da ein sehr bekanntes Getränk.

Lassen Sie sich nicht durch Gehirnwäsche oder Ihre verdorbenen Geschmacksnerven täuschen. Denken Sie daran, daß Nahrung mit hohem Wassergehalt auch am besten schmeckt, und versuchen Sie sich an die Richtlinien für den richtigen Zeitpunkt und die richtige Kombination zu halten.

Bevor ich nun zum Schluß komme, will ich noch ein Thema ansprechen, das wirklich nichts mit Gewichtskontrolle zu tun hat. Ich behandle es als ganz separaten Abschnitt, weil ich glaube, daß es auch absolut wichtig ist, um ein glückliches, gesundes und erfülltes Leben zu führen:

Bewegung.

39
Bewegung

Viele Ernährungsexperten bestehen darauf, daß man Sport treiben muß, um abzunehmen. Das scheint logisch, aber wie ich bereits erklärt habe, erhöhen oder verringern Sie das grundsätzliche Gewicht Ihres Autos nicht, indem Sie mehr Kraftstoff verbrennen. Alles, was Sie damit tun, ist die Abstände zwischen dem Tanken zu verkürzen. Sport macht Sie meistens hungrig und durstig, so daß Sie mehr essen und trinken.

Sie sehen Schnecken und Schildkröten auch nicht ständig herumsausen, und trotzdem sind sie nicht übergewichtig. In Wirklichkeit sind die Menschen die einzigen Lebewesen, die sportliche Betätigung nur um des Sports willen nötig haben.

Wenn Sie Sport treiben, nur um Gewicht zu verlieren, dann werden Sie nicht nur Ihr Ziel nicht erreichen, sondern es wird der gleiche Effekt wie bei einer Diät entstehen. Sie werden den Sport als eine Art Buße ansehen und brauchen dann Willenskraft und Disziplin, um damit weiterzumachen. Vielleicht haben Sie am Anfang noch ein tolles Gefühl, aber wenn Ihr Vorrat an Willenskraft nachläßt und etwas anderes in Ihrem Leben wichtiger wird, dann wird der Sport hinfällig.

Wenn Sie mir nicht glauben, dann schauen Sie sich die Kleinanzeigen unter »Verkäufe« in Ihrer Lokalzeitung an. Sie finden mehr Anzeigen für Hometrainer, Rudermaschinen und andere Trainingshilfsmittel als alle anderen Anzeigen zusammengenommen. Glauben Sie, das liegt daran, daß die Besitzer ihre Wunschkondition erreicht haben und diese Geräte nun nicht mehr brauchen oder daß sie nach zwei Wochen genug davon hatten und sie nicht mehr benutzen?

Nichtsdestoweniger empfehle ich Ihnen, regelmäßig Sport zu treiben, nicht weil es dazu beiträgt, Übergewicht abzubauen, sondern aus dem eigennützigen Grund, daß Sie Ihr Leben viel mehr genießen, wenn Sie sich fit und gesund fühlen und Ihr Körper gestärkt ist. Wenn Ihr Gewicht heruntergeht und Ihr Energiepegel sich erhöht, werden Sie in jedem Fall den ganz natürlichen Wunsch nach vermehrter Aktivität verspüren.

Eine Warnung habe ich: Wenn Sie im Moment nicht fit sind, fangen Sie ganz langsam an. Sie werden feststellen, daß Sie automatisch mehr trainieren wollen, wenn sich Ihr Energie- und Fitneßniveau erhöht. Sie setzen somit eine ideale Reaktion zwischen Ursache und Wirkung in Gang, die bald dazu beiträgt, daß Sie sich wieder jung fühlen. Übertreiben Sie es nicht, und überanstrengen Sie sich nicht. Ihr Körper und ein bißchen gesunder Menschenverstand reichen aus, um Sie anzuleiten. Wenn Sie Zweifel haben, fragen Sie erst Ihren Arzt.

Wenn Sie fit genug für intensives Training sind, dann werden Sie das Hochgefühl des Adrenalinflusses verspüren. Dann stellen sich bald noch zwei weitere angenehme Effekte ein. Einer ist die wohltuende Entspannung nach einer exzessiven Anstrengung. Der andere ist, daß Sie Heißhunger und Durst stillen können, ohne zuzunehmen und ohne das kleinste Schuldgefühl zu haben.

Es gibt heutzutage viele Trainingsgeräte auf dem Markt, außerdem Fitneßklubs, Videos etc. Alle sollen Ihnen dabei helfen, Gewicht zu verlieren und sich gesünder und besser zu fühlen. Mein Rat ist, all das zu ignorieren. Sport zur Gewichtsreduktion erzeugt genauso ein Gefühl der Buße, wie wenn Sie Sport nur machen, um sich fit und gesund zu fühlen. Sport sollte keine Pflicht sein.

Mußten wir uns als Kinder zwingen, Sport zu treiben? Gibt man als Jugendlicher eine Menge Geld dafür aus, daß man schwimmen oder tanzen gehen, Tennis oder Golf spielen kann, um abzunehmen und sich fit zu fühlen? Natürlich nicht. Man tut es aus reiner Freude an der Sache. Vielleicht haben Sie das Gefühl, es war nur zu dieser Zeit eine wirkliche Freude, weil Sie damals die Energie hatten, solchen Zeitvertreib zu genießen. Sie könnten recht haben. Aber das liegt nicht daran, daß Energie auf die Jugend beschränkt ist, sondern es liegt an dem Lebensstil, in den die meisten von uns hineingerutscht sind.

Wir sind jedoch dabei, all das zu ändern, und das ist der Zweck von ALLEN CARR'S EASYWAY®. Wenn Sie die Anweisungen befolgen, werden Sie bald voller Energie sein, und Sie können sich darüber freuen, daß es eine solche Vielfalt von Aktivitäten gibt, unter denen Sie je nach Alter, Stärke, Gesundheit und individuellem Geschmack wählen können: Wandern, Trekking, Radfahren, Fußball, Schwimmen, Hockey, Basketball, Volleyball, Skifahren, Golf, Kegeln, Squash, Tennis, Leichtathletik, Gymnastik, um nur ein paar zu nennen.

Diese Sportarten machen nicht nur Spaß, sie fördern auch die Geselligkeit. Sie sorgen für einen gesunden Appetit, und Sie können mehr und öfter essen, ohne zuzunehmen. Sie stärken außerdem Ihre Muskeln und halten Sie fit und gesund. Sie geben Ihrem Leben Sinn und Freude. Es gibt noch einen weiteren Vorteil, der nicht immer klar ersichtlich ist. Sie tragen dazu bei, Langeweile zu vermeiden, die oft ein Hauptgrund für Zuviel-Essen ist.

Die meisten wildlebenden Tiere erhalten täglich Bewegung durch den natürlichen Vorgang der Nahrungssuche oder Jagd. Der Mensch in der zivilisierten westlichen Gesellschaft hat seinen Verstand dazu benutzt, die Notwendigkeit für solche Aktivitäten auszuschalten. Einige Menschen ersetzen diese Aktivität durch körperliche Arbeit. Ich bin davon überzeugt, daß regelmäßige körperliche Betätigung wichtig ist, um das Leben zu genießen. Unser Körper ist nicht auf Stagnation ausgelegt. Sport sollte ein Genuß um seiner selbst willen sein und gleichzeitig zusätzliche Vorteile bieten.

Und genau darum geht es in diesem ganzen Buch. Wir alle haben das größte vorstellbare Geschenk bekommen – das Geschenk des Lebens. Als Menschen haben wir das doppelte Privileg, mit der höchstentwickelten Überlebensmaschine auf diesem Planeten ausgerüstet zu sein. Wenn Sie das Glück haben, frei von körperlichen oder geistigen Schäden geboren zu sein, dann sind Sie super-privilegiert.

Wir haben es nun fast geschafft; es fehlt nur noch die

Schlußbemerkung.

40
Schlußbemerkung

Der Titel des Buches könnte den Eindruck erwecken, das Hauptziel von ALLEN CARR'S EASYWAY® sei die Gewichtskontrolle. Das täuscht. Genauso wie ein Buch über das Rauchenaufhören eher Angst und sogar Panik im Kopf eines Rauchers erzeugt, genauso kann ein Buch über Abnehmen diesen Effekt auf einen Übergewichtigen haben.

Der unglaubliche Erfolg meiner Raucherentwöhnungsmethode basiert darauf, daß es nicht nur mein wichtigstes Ziel ist, die Raucher zum Aufhören zu bringen, sondern ihnen klarzumachen, daß sie als Nichtraucher gesellige Anlässe mehr genießen und Streß besser bewältigen können. Mit anderen Worten: Das Wichtigste ist, ihnen zu ermöglichen, daß sie ihr Leben genießen. Sie könnten fragen, wo da der Unterschied liegt. Der Unterschied ist sowohl subtil als auch wesentlich. Wenn sich ein Raucher darauf konzentriert, das Rauchen aufzugeben, dann empfindet er das Gefühl eines Verlustes und Opfers, was dann zu Niedergeschlagenheit und sicherem Mißerfolg führt. Wenn der Raucher jedoch begreift, daß es in Wirklichkeit nichts aufzugeben gibt, daß er das Rauchen nicht vermissen, sondern sein Nichtrauchen als Gewinn empfinden wird, dann sieht der Raucher die Zigarette nicht mehr als eine Art Stütze oder Genuß. Und deshalb gibt es anschließend auch kein Gefühl des Verlusts, ganz im Gegenteil. Der Raucher sieht das Aufhören im richtigen Licht –

das Ende einer Krankheit –, und der Vorgang wird leicht und angenehm statt schwierig und deprimierend.

Genau die gleichen Prinzipien treffen auf die Gewichtskontrolle zu. Für die meisten übergewichtigen Menschen beschwört das die gleichen Verlust- und Depressionsgefühle herauf. Die dritte Anweisung lautete, mit einem Gefühl der Freude und Spannung zu beginnen. Wenn Sie das in jener Phase konnten, um so besser. Wenn nicht, dann ist es unbedingt erforderlich, daß Sie *jetzt* dieses Gefühl haben.

Der Hauptzweck dieses Buches ist, daß Sie Ihr Leben mehr genießen und es voll ausschöpfen. Es gibt keinen Grund, sich deprimiert oder schlecht zu fühlen. Es passiert nichts Schlimmes.

Es passiert etwas Wundervolles!

Sie haben nichts von Ihrem Leben, wenn Sie unter Kurzatmigkeit, Energielosigkeit, Mangel an Selbstachtung, Verdauungsstörungen, Verstopfung, Durchfall, Magenschmerzen, Sodbrennen, Geschwüren, Bluthochdruck, Krankheiten des Herzens, der Arterien, Venen, des Magens, der Eingeweide, Leber oder Niere leiden, um nur einige Beispiele zu nennen.

Sie können Ihr Leben nicht genießen, wenn Sie sich gleichzeitig schuldig fühlen, weil Sie zuviel gegessen haben. Und Sie können es auch nicht genießen, wenn Sie ein Verlustgefühl haben, weil Sie nicht so viel essen dürfen, wie Sie wollen. Aber warum sollten Sie nicht so viel von Ihrer Lieblingsspeise essen, wie Sie wollen, sooft Sie wollen, und dabei genau das Gewicht haben, das Sie wollen, ohne unter irgendwelchen der genannten Beeinträchtigungen zu leiden?! Und gleichzeitig ist jede Mahlzeit ein Genuß?

Es ist leicht – 99,99 Prozent der Lebewesen auf der Erde machen genau das. Sie tun es, weil sie den Richtlinien der Natur folgen. ALLEN CARR'S EASYWAY® erklärt genau, warum und wie diese Richtlinien absolut sicher wirken. Sie müssen nur Ihren gesunden Menschenverstand gebrauchen. Sie müssen eine ganz einfache Wahl treffen. Sie können weiterhin zulassen, daß Ihre Nahrungsaufnahme von Nahrungsmitteln dominiert ist, die Fettleibigkeit, Lethargie, schlechte Gesundheit, Schuld und Depressionen erzeugen, oder Sie können die Nahrungsmittel essen, die Ihnen Gutes tun. Und diese werden Sie mit praller Gesundheit, Energie und Lebensfreude versorgen, denn der große Bonus ist:

Sie schmecken so viel besser!

Was haben Sie zu verlieren? Absolut nichts! Ganz im Gegenteil, Sie haben so viel zu gewinnen. Und außerdem:

Sie essen so viel von Ihrer Lieblingsspeise, wie Sie wollen, sooft Sie wollen.

Sie haben genau das Gewicht, das Sie haben wollen.

Sie erfreuen sich bester Gesundheit und Energie

und

Sie genießen jeden Tag!

Alles was Sie tun müssen:

Befolgen Sie alle Anweisungen!

Am besten gleich noch einmal eine Erinnerung an die Anweisungen. Auf der folgenden Seite finden Sie eine Auflistung aller Anweisungen, wo nötig mit einer kurzen Beschreibung. Wenn Sie eine ausführlichere Erklärung wollen, gehen Sie zurück zum Buchtext.

Genießen Sie das Leben!

Anhang

Anweisungen

1. Befolgen Sie alle Anweisungen — Seite 38
2. Bleiben Sie offen und unvoreingenommen — Seite 38
3. Beginnen Sie mit einem Gefühl der Freude und Spannung. *Und warum nicht damit weitermachen? Es ist ein herrliches Gefühl.* — Seite 43
4. Die Expertenfalle. *Wenn Ihnen ein sogenannter Experte - egal wie bekannt er auch immer sein mag - einen Rat gibt, der der Natur widerspricht – ignorieren Sie ihn.* — Seite 71
5. Legen Sie nicht von vornherein Ihr Zielgewicht fest — Seite 75
6. Essen Sie erst, wenn Sie Hunger haben. *Essen schmeckt und riecht nur gut, wenn Sie hungrig sind!* — Seite 117
7. Lassen Sie sich nicht von Ihren Geschmacksnerven versklaven — Seite 127
8. Vermeiden Sie konservierte Nahrung — Seite 155
9. Versuchen Sie, Ihren Hunger mit richtiger Nahrung und nicht mit Junk Food zu stillen — Seite 159
10. Tun Sie es! — Seite 179
11. Machen Sie es sich leicht — Seite 196

Allen Carr's Easyway informiert

Allen Carr's Easyway – der leichte Weg – stellt eine praktische Hilfe dar, ein gesünderes, glücklicheres und freieres Leben zu führen. Die Methode von Allen Carr hat sich wie ein Lauffeuer über den ganzen Erdball verbreitet. Genauso wie seine Bücher in immer mehr Sprachen übersetzt werden, entstehen immer neue Standorte, in denen Kurse angeboten werden.

Die Nichtraucherseminare nach der Methode von Allen Carr sind eine ideale Ergänzung für alle, die nach der Lektüre von Allen Carrs Büchern das Gefühl haben, zwar alles zu verstehen, aber die Umsetzung Schwierigkeiten bereitet. Sie können ein Seminar auch begleitend besuchen, wenn Sie Ihre Erfolge festigen wollen. Oder alternativ, wenn Sie eine persönliche Betreuung wünschen.

Allen Carr's Easyway Nichtraucherseminare dauern nur einmalig sechs Stunden und beinhalten eine Geld-zurück-Garantie. Sie werden seit 1993 mit sehr großem Erfolg im deutschsprachigen Raum durchgeführt.

Ab dem Jahr 2003 werden die Easyway-Seminare vom Bundesverband der Betriebskrankenkassen als Präventionsmaßnahme nach § 20 Abs. 1 SGBV empfohlen. BKK-Versicherte erhalten auf Nachfrage einen Zuschuss zum Seminar von ihrer Kasse.

Allen Carr's Easyway gibt es in vielen Städten in Deutschland, Österreich und der Schweiz.

Eine Liste mit den weltweiten Standorten finden Sie auf den nächsten Seiten. Allgemeine Anfragen über Allen Carr's Easyway richten Sie bitte an folgende Adresse:

Allen Carr's Easyway Deutschland
Erich Kellermann
Oberaustraße 6 a
83026 Rosenheim
Tel.:   +49 0 80 31/40 21 50
Fax: +49 0 80 31/40 21 90
Email: info@allen-carr.de
www.allen-carr.de

Rufen Sie uns an:
Unverbindliche und kostenlose Informationen über die Seminare, Standorte und Termine erfahren Sie unter den kostenfreien Hotline-Nummern:

Deutschland: 08000 RAUCHEN (08000 / 7 28 24 36)
Österreich/Schweiz: 0800 RAUCHEN (0800 / 7 28 24 36)

Oder besuchen Sie unsere Homepage:

www.allen-carr.de

Hier finden Sie eine genaue Übersicht über alle Seminartermine.

In folgenden Städten führen wir in Deutschland regelmäßig Seminare durch:

Kiel, Lübeck, Bremen, Münster, Kassel, Fulda, Göttingen, Berlin, Leipzig, Dresden, Stuttgart, Heilbronn, Würzburg, Nürnberg, Karlsruhe, Ulm, Augsburg, Landshut, Lindau, München, Rosenheim

Infos für oben genannte Standorte erhalten Sie unter der bundesweit kostenfreien Hotline Nr.

08000 / RAUCHEN (08000 / 7282436)

Für Seminare in folgenden Regionen erhalten Sie Informationen unter den Nummern:

Frankfurt, Wiesbaden	Tel: 0611/3757165	Elfi Blume
Hannover, Bielefeld	Tel: 05222/797622	Wolfgang Rinke
Düsseldorf, Köln	Tel: 0211/5571738	Axel Matheja
HamburgTel.	040/28051056	Regina Hildebrandt

Standorte Österreich:
Wien, Salzburg, Linz, Innsbruck, Graz, Bregenz

Standorte Schweiz:
Luzern, Olten, Winterthur, Bern

Allen Carr's Easyway International

AUSTRALIEN

Melbourne:
Tel. & Fax: 03 9894 8866
E-Mail: tw.easyway@bigpond.com
Trudy Ward

BELGIEN

Internet: www.allencarr.be

Antwerpen:
Tel.: 03 281 6255, Fax: 03 744 0608
E-Mail: easyway@online.be
Dirk Nielandt
E-Mail: poppyval@iway.be
Valerie Popowski

CANADA

Vancouver:
Tel.: 604 737 1113
Fax: 604 737 1116
E-Mail: damiano@telus.net
Damian O'Hara

DÄNEMARK

Internet: www.easyway.dk

Kopenhagen:
Tel.: 45 3331 0476
E-Mail: mettef@image.dk
Mette Fonss

ECUADOR

Quito:
Tel.: 02 82 09 20 oder
Tel. & Fax: 02 56 33 44
E-Mail: toisan@pi.pro.ec
Ingrid Wittich

ENGLAND

Internet: www.allencarrseasyway.com

Tel. & Fax: 020 7935 5648
E-Mail: rh@allencarrseasyway.com
Robin Hayley

Tel. & Fax: 020 8641 8165
E-Mail: madimason@hotmail.com
Madeleine Mason

London:
Tel. & Fax: 020 8944 7761
E-Mail: postmaster@allencarr.demon.co.uk
John Dicey, Sue Bolshaw, Crispin Hay, Collen Dwyer

Birmingham:
Tel. & Fax: 0121 423 1227
E-Mail: postmaster@allencarr.demon.co.uk
John Dicey, Crispin Hay, Collen Dwyer

Bournemouth & Southampton:
Tel.: 01425 272757
John Dicey, Colleen Dwyer

Bristol & Swindon:
Tel.: 0117 908 1106
E-Mail: charles@kettlehouse.datanet.co.uk
Charles Holdsworth-Hunt

Edinburgh:
Tel.: 0131 660 6688
E-Mail: easyway@clara.co.uk
Derek McGuff

Glasgow:
Tel.: 0131 466 2268
E-Mail: bergin@napierun.fsnet.co.uk
Joe Bergin

Kent:
Tel.: 01622 832 554
E-Mail: easywaykent@yahoo.co.uk
Angela Jouanneau

Manchester:
Internet:
www.easywaymanchester.co.uk
Tel.: 01625 590 994
Fax: 01625 590 989
E-Mail: stopsmoking@ easyway-manchester.co.uk
Rob & Eva Groves

North East:
Tel. & Fax: 0191 581 0449
Tony Attrill

Yorkshire:
Internet:
www.dianaevans.co.uk
Tel.: 0700 900 0305 oder
01423 525 556
Fax: 01423 523 320
E-Mail: dianayork@yahoo.co.uk
Diana Evans

FRANKREICH

Internet: www.allencarr.fr

Paris & Marseille:
Tel.: 04 91 33 54 55
Fax: 04 91 33 32 77
E-Mail: info@allencarr.fr
Erick Serre

Karibik:
Tel.: 05 90 84 95 21
Fax: 05 90 84 60 87
E-Mail:
allencaraibes@wanadoo.fr
Fabiana de Oliveira

Languedoc:
Tel.: 0467 41 29 60
Dominique Hertogh

Toulouse:
Tel.: 0800 15 57 40

IRLAND

Dublin:
Tel.: 01 494 1644
Fax: 01 495 2757
E-Mail: seansw@iol.ie
Brenda Sweeney

Connaught:
Tel. & Fax: 094 67 925
Pat Melody Dunne

Munster:
Tel. & Fax: 056 54 911
E-Mail:
powerhernandez@eircom.net
Catherine Power Hernandez

ISLAND

Reykjavik:
Tel.: 354 553 9590
Fax: 354 588 7060
E-Mail: easyway@simnet.is
Petur Einarsson & Valgeir Skagfjord

ITALIEN

Mailand:
Mobile Tel.: 0348 354 7774
oder 0322 980 350
E-Mail: fcesati@blueyonder.co.uk
Francesca Cesati

KOLUMBIEN

Bogota:
Tel.: 571 313 30 30 oder
571 211 76 62
E-Mail: positron@cc-net.net
Jose Manual Duran

NEUSEELAND

Auckland:
Tel.: 09 626 5390
E-Mail: macrazies@xtra.co.nz
Vickie Macrae

NIEDERLANDE

Internet: www.allencarr.nl

Amsterdam:
Tel.: 020 465 4665
Fax: 020 465 6682
E-Mail: amsterdam@allencarr.nl
Eveline De Mooij

Nijmegen:
Tel.: 024 360 33 05
E-Mail: nijmegen@allencarr.nl
Jacqueline van den Bosch

Rotterdam:
Tel.: 010 244 07 09
Fax: 010 244 07 10
E-Mail:
rotterdam@allencarr.nl oder
carr.rotterdam@wxs.nl
Kitty van't Hof

Utrecht:
Tel.: 035 60 29458
E-Mail: soest@allencarr.nl
Paula Rooduijn

PORTUGAL

Oporto:
Internet:www.fatimahelder.com
Tel.: 351 229 44 00 96
Fax: 351 229 40 72 34
E-Mail: easyweigh@mail.telepac.pt
Fatima Helder
Tel.: 229 958698, Fax: 229 955507
E-Mail: slofmont@mail.telepac.pt
Ria Monteiro

SPANIEN

Internet:
www.comodejardefumar.com

Madrid:
Tel.: 902 10 28 10
Fax: 942 83 25 84
E-Mail: easyway@comodejardefumar.com
Geoffrey Molloy & Rhea Sivi

SÜDAFRIKA

Kapstadt:
Tel.: 083 600 5555
Fax: 021 852 2014
E-Mail: easyway@allencarr.co.za
Dr. Charles Nel
E-Mail: dudley.garner@citicorp.com
Dudley Garner

Besuchen Sie uns online.

www.allen-carr.de
www.allen-carr.at
www.allen-carr.ch

Wir freuen uns immer wieder zu hören, wenn es wieder ein Raucher geschafft hat, sich aus der Nikotinfalle zu befreien. Sie haben wirklich etwas Großartiges erreicht.

Wir würden uns freuen, diese Freude mit Ihnen zu teilen und ein Feedback von Ihnen zu erhalten. Senden Sie uns doch bitte untenstehenden Abschnitt an folgende Adresse:

Allen Carr's Easyway Deutschland
Erich Kellermann
Oberaustraße 6b
83026 Rosenheim

Liebes Allen-Carr-Team

HURRA, ICH BIN NICHTRAUCHER

Name: _____

Adresse: _____

Bemerkungen: _____

_____

_____

ESSEN SIE SICH GESUND

16283

16285

16242

16206

Mosaik bei GOLDMANN

ALLEN CARR

Den unverbesserlichen Raucher gibt es nicht – genau hier setzt Allen Carr mit seiner sensationellen Methode der Nikotinentwöhnung an. Sein Buch konfrontiert den Leser mit der schwierigen Situation, endlich ein für allemal mit dem Rauchen aufzuhören. Carr gibt Ratschläge, wie die körperliche und psychische Abhängigkeit von der Zigarette durch eine Wandlung in der inneren Einstellung überwunden werden kann. Die sensationellen Erfolge seiner Entwöhnungsstrategie sprechen für sich.

13664

JOHN GRAY

16107

»Männer sind vom Mars. Frauen von der Venus.« – der erfahrene Paartherapeut liefert eine brillante Zustandsbeschreibung des Beziehungsdschungels und gesteht Männern und Frauen ihre Andersartigkeit zu. Anschauliche Fallbeispiele und erprobte Lösungsmodelle zeigen, wie sich aggressiver Geschlechterkampf zu einer kreativen Partnerschaft wandeln kann.

Der Kontakt zum anderen Geschlecht ist gespickt mit Mißverständnissen, Fehlwahrnehmungen und falschen Schlußfolgerungen. Was machen Männer und Frauen jeweils anders, und wie können sie aufeinander zugehen? Bestsellerautor John Gray ermutigt zu neuen Formen einer offenen und verständnisvollen Kommunikation, die die Verschiedenheiten der männlichen und weiblichen Perspektive berücksichtigen.

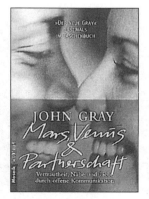

16134

Mosaik bei GOLDMANN

GOLDMANN

*Das Gesamtverzeichnis aller lieferbaren Titel erhalten Sie
im Buchhandel oder direkt beim Verlag.
Nähere Informationen über unser Programm erhalten Sie auch im Internet unter:*
www.goldmann-verlag.de

★

Taschenbuch-Bestseller zu Taschenbuchpreisen
– Monat für Monat interessante und fesselnde Titel –

★

Literatur deutschsprachiger und internationaler Autoren

★

Unterhaltung, Kriminalromane, Thriller
und Historische Romane

★

Aktuelle Sachbücher, Ratgeber, Handbücher und
Nachschlagewerke

★

Bücher zu Politik, Gesellschaft, Naturwissenschaft und Umwelt

★

Das Neueste aus den Bereichen
Esoterik, Persönliches Wachstum und Ganzheitliches Heilen

★

Klassiker mit Anmerkungen, Anthologien und Lesebücher

★

Kalender und Popbiographien

★

Die ganze Welt des Taschenbuchs

★

Goldmann Verlag • Neumarkter Str. 28 • 81673 München

Bitte senden Sie mir das neue kostenlose Gesamtverzeichnis

Name: _____

Straße: _____

PLZ / Ort: _____